二战经典战役系列丛书

血拼阿拉曼

白隼 编著

北方联合出版传媒(集团)股份有限公司

万卷出版公司

ⓒ 白隼 2018

图书在版编目（CIP）数据

血拼阿拉曼 / 白隼编著. — 沈阳：万卷出版公司，
2018.8

（二战经典战役系列丛书）

ISBN 978-7-5470-4954-9

Ⅰ．①血… Ⅱ．①白… Ⅲ．①第二次世界大战战役 –
史料 – 北非 Ⅳ.①E195.2

中国版本图书馆CIP数据核字（2018）第118801号

出 品 人：刘一秀
出版发行：北方联合出版传媒（集团）股份有限公司
　　　　　万卷出版公司
　　　　　（地址：沈阳市和平区十一纬路25号　邮编：110003）
印 刷 者：辽宁新华印务有限公司
经 销 者：全国新华书店
幅面尺寸：170mm×240mm
字　　数：211千字
印　　张：14.75
出版时间：2018年8月第1版
印刷时间：2018年8月第1次印刷
丛书策划：陈亚明　李文天
责任编辑：赵新楠
特约编辑：吴海兵
责任校对：张希茹
装帧设计：亓子奇
ISBN 978-7-5470-4954-9
定　　价：49.80元
联系电话：024-23284090
传　　真：024-23284448

前　言

　　1931 年 9 月 18 日，日本关东军在沈阳制造了九一八事变，日本帝国主义的魔爪开始伸向有着五千年文明的中华大地，中国最屈辱的历史从此开始。1939 年 9 月 1 日，希特勒独裁下的德国军队闪击波兰，欧洲大地不再太平，欧洲人的血泪史从此开始书写。一年后，德国、意大利、日本三个武装到牙齿的独裁国家结盟，"轴心国"三个字由此成为恐怖、邪恶、嗜血的代名词。

　　德、意、日三国结盟将侵略战争推向极致。这场战争不仅旷日持久，而且影响深远。人类自有战争以来从未有过如此大规模、大杀伤力、大破坏力的合伙野蛮入侵。"轴心国"的疯狂侵略令全世界震惊。

　　面对强悍到无以复加的德国战车，面对日本军队疯狂的武士道自杀式攻击，被侵略民族不但没有胆怯，反而挺身而出，为了民族独立，为了世界和平，他们用一腔热血抒写不屈的抵抗，用超人的智慧和钢铁意志毫不犹豫地击碎法西斯野兽的头颅。

战役是孕育名将的土壤，而名将则让这块土壤更加肥沃。这场规模空前的世界大战，在给全世界人民带来无尽灾难的同时，也造就了军事史上几十个伟大的经典战役，而这些经典战役又孕育出永载史册的伟大军事家。如果把战役比作耀眼华贵的桂冠，那么战役中涌现出的名将则是桂冠上夺目的明珠。桂冠因明珠而生辉，明珠因桂冠而增色。

鉴于此，我们编辑出版了这套《二战经典战役系列丛书》。其实，编辑出版这套丛书是我们早已有之的宏愿，从选题论证、搜集资料、确定方向到编撰成稿，历经六个春秋。最终确定下来的这 20 个战役可谓经典中的经典，如历史上规模最大的海战莱特湾大战，历史上规模最大的航母绝杀，历史上规模最大、最惨烈的库尔斯克坦克绞杀战……我们经过精心比对遴选出的这些战役，个个都特色鲜明，要么让人热血沸腾，要么让人拍案叫绝，要么让人扼腕叹息，抑或兼而有之。这些战役资料的整理花费了我们相当多的时间和精力，兴奋、激动、彷徨、纠结，一言难尽。个中滋味，唯有当事人晓得。

20 个战役确定下来后就是内容结构的搭建问题。我们反复比对已出版的类似书籍，经过研究论证，最终形成了自己的特色。历史拐点（时间点）往往是爆发点，决定历史的走向，而在这个历史拐点上，世界上其他地方正在发生什么？相信很多人对此都会比较感兴趣。因此，我们摈弃了传统的单纯纪事本末叙述方式，采用以时间轴为主兼顾本末纪事的新颖体例。具体来说，就是在按时间叙事的同时，穿插同一时间点上其他战场在发生什么，尤其是适当地插入中国战场的情况，扩大了读者的视野。

本套丛书共 20 册，每册一个战役，图文并茂，具有叙事的准确性与故事的可读性，并以对话凸显人物性格和战争的激烈与残酷。每册包含几十幅精美图片，并配有极具个性的图说，以图点文，以文释图，图文相得益彰。另外，本套丛书还加入了大量的原始资料（文件、命令、讲话），并使其自然融入相关内容。这样，在可读性的基础上，这套丛书又具备了一定的史料价值，历史真实感呼之欲出，让读者朋友不由自主地产生一种穿越的幻觉。

本套丛书的宗旨是让读者朋友在轻松阅读的同时，对第二次世界大战有一个整体的认知，力求用相关人物的命令、信件、讲话帮助读者触摸真实的历史、真实的战场，真切感受浓浓的硝烟、扑鼻的血腥和二战灵魂人物举手投足间摄人心魄的魅力。

品读战役，也是在品读英雄、品读人生，更是在品读历史。战役有血雨腥风，但也呼唤人道。真正的名将是为阻止战争而战的，他们虽手持利剑，心中呼唤的却是和平。相信读者朋友在读过本套丛书后，能够对战争和名将有一个不一样的认识。

最后，谨以此书献给那些为和平、为幸福奋斗不息的人们！

目　录

第一章　北非烽烟起

　　意大利大独裁者墨索里尼早就对英国的北非殖民地垂涎三尺，如今形势一片大好，他认为完全可以利用英军被困欧洲的有利时机来扩张他的非洲版图。早在 20 世纪 20 年代，墨索里尼出任意大利总理时，便开始构筑夺取北非、重建地中海"新罗马帝国"的梦想。

◎ 丘吉尔对决墨索里尼

　　1939 年 9 月 1 日，蓄谋已久的希特勒以闪电般的速度占领波兰，接着德军掉头西进，直扑荷兰、比利时、丹麦、挪威，横扫法国，进而虎视英伦三岛，几乎将整个西欧大陆收入囊中。希特勒席卷欧洲的空前成功强烈刺激着他的盟友——意大利独裁者墨索里尼雄心勃勃的神经。

　　9 月 3 日，即德国武装入侵波兰后的第三天，英国首相张伯伦在首相府办公室紧急召见丘吉尔，并邀请他加入战时内阁。张伯伦对坐在对面的丘吉尔说："温斯顿，你的预见被证明是正确的。波兰遭到德国的突然袭击，我们必须做出反应，现在已经正式对德宣战。我决定成立战时内阁，并邀请陆军、海军大臣参加，我想听听你的想法。"

　　"没有意见，我想还是让年轻些的人参加比较好。"

　　"直接跟你说吧。我想请你出任海军大臣，过去你曾担任过这个职务，一定有能力处理好海军部的事，我想你一定不会让我失望的。"

英国首相张伯伦

"当然，首相先生。"

"那好，下午你就去上任。"

3日下午，丘吉尔来到海军部，又坐在过去坐过的那张旧椅子上了。他看着1911年自己让海军情报局标注的北海地图，不禁感慨万千。24年前的大海战，又浮现在他的眼前：1911年10月，丘吉尔出任英国海军大臣，并领导组建了海军参谋部。1915年，他主张英军在达达尼尔海峡登陆，进攻土耳其，目的是包围德国海军。登陆战役持续8个多月，英法军队伤亡惨重，最后被迫撤退。第一海务大臣费希尔引咎辞职，丘吉尔被迫辞去海军大臣的职务，并奔赴法国前线参加战争。24年前的情景历历在目，仿佛又在今日重演，如今英国所面临的不只是德国的威胁，意大利也欲伺机咬上一口。

其实，意大利大独裁者墨索里尼早就对英国的北非殖民地垂涎三尺，如今形势一片大好，他认为完全可以利用英军被困欧洲的有利时机来扩张他的非洲版图。早在 20 年代，墨索里尼出任意大利总理时，便开始构筑夺取北非、重建地中海"新罗马帝国"的梦想。1935 年，墨索里尼出兵东非，一举占领厄立特里亚、埃塞俄比亚和意属索马里，并在殖民地利比亚屯兵 23 万，随时准备夺取东面的英属殖民地埃及。

意大利独裁者墨索里尼

1940 年 5 月 10 日，丘吉尔在英国民众的一片呼声中临危受命，出任大英帝国的首相。丘吉尔上任伊始便开始大刀阔斧地重组联合政府，一改前任首相张伯伦求和谈判的绥靖政策，毫不犹豫地对德意法西斯宣战。

5 月 13 日，丘吉尔在英国议会下院发表了著名的就职演说。他以鼓舞人心的言辞，向英国民众传达了自己坚决抗击法西斯德国、捍卫大英帝国荣誉的决心。演说全文如下：

丘吉尔发表就职演说

就在礼拜五的晚上，我正式接受了国王陛下的委托，负责组成新一届政府内阁。我的这次组阁，包括所有政党，不但有支持上一届政府的政党，还有上一届政府的反对党。很明显，这是上下两院和国家的希望与意愿，我已经完成了其中最重要的部分。

战时内阁已经宣告成立，由5位阁员组成，包括反对党的自由主义者。本届政府代表了举国一致的团结。三党领袖同意加入战时内阁，或者担任国家高级行政职务。三军指挥机构已经得到补充。因目前形势的极端紧迫感和严重性，用一天时间完成这项任务是很有必要的。其他许多重要职位已在昨天任命。我将在今天晚上向英王陛下呈递补充名单，并希望明天一天完成政府主要大臣的任命。至于其他一些大臣的任命，通常需要更多一点的时间，但是我相信再次开会时，我的这项任务即将完成，而且本届政府将是完整无缺的。

我个人认为，向下院建议在今天开会符合公众利益。议长先生也同意这个建议，根据下院决议所授予他的权力，采取了必要的措施。议程结束时，建议下院休会到 5 月 21 日，也就是礼拜二。当然，一旦需要，可以提前复会。下次会议讨论的主要议题将以最快的时间告知全体议员。我现在请求下院，以我的名义提出的决议案，批准已采取的各项措施，将其记录在案，并宣布对新政府的信任。

组建一届如此规模的内阁，是一项严肃而艰巨的任务。大家千万不要忘记，我们正处在历史上最伟大的战争的初期阶段，我们的军队在挪威和荷兰的许多地区浴血奋战。我们一定要在地中海地区做好准备。空战仍然在进行，繁忙的战备工作一定要在国内提前完成。

在这个生死存亡的紧要关头，假如我今天没有在下院发表演说，我希望能得到诸位议员的宽恕。因这次内阁改组而受到影响的朋友和同事或者前同事，对礼节上的不周之处，我希望你们能够充分谅解。我深知，这种礼节上的不周是在所难免的，正如我对参加本届内阁的成员所说的那样，我仍然要在这里说："我没什么可以奉献，有的只是热血、勤劳、眼泪和汗水。"

我们将面临极为严峻的从未有过的考验。从现在开始，等待我们的将是无数漫长的斗争及艰难困苦的岁月。

　　大家问我：我们的政策是什么？我说，用我们的一切，用上帝赐予我们的全部力量，在海上、陆地和空中进行战斗，同一个历史上所从未有过的疯狂残酷的暴政进行战斗。这就是我们的政策。

　　大家要问：我们的目标是什么？我只用一个词来回答，那就是"胜利"，不惜一切代价，去争取胜利。不管多么恐怖，我们也要去争取胜利；不管道路多么漫长，多么艰险，我们也要去争取胜利。因为只有胜利，才能生存。我们一定要认识：没有胜利，大英帝国就消失，就没有大英帝国所代表的一切，当然也就没有促使人类朝着目标奋勇前进这一世代相传的强烈欲望和动力。

　　当我重任在肩的那一刻，我的心情是愉快的，满怀信心的。我坚信，谁也不会听任我们的事业遭受失败。

　　这个时候，我觉得我有权利要求得到大家的支持。我想说的是："来吧，我们勠力同心，携手前行！"

　　在13日这个西方人认为不吉利的日子里，丘吉尔的就职演说让英国人第一次领略到他身为战时领袖所具备的那种坚毅无畏的可贵品格。在英国悠久的历史上，还没有任何一位首相像他这样简明扼要地陈述自己的施政纲领。

　　5月16日，丘吉尔代表英国战时内阁给意大利独裁者墨索里尼写了一封呼吁信，表达了英国人绝不屈服的决心。

　　我已经出任首相并兼国防大臣，回想与你在罗马的会晤，我很愿意跨过这道貌似在不断扩大的鸿沟，向你表达我的友好之意。现在阻止不列颠和意大利两国人民之间出现血流成河的局面，是否为时过晚呢？两国之间矛盾，无疑会导致冲突，会使地中海浓云密布，最终导致两败俱伤。倘若阁下一定要这么做，结果必然如此。我在此庄重声明，我们从来不是伟大的意大利的敌人，也从来没有和意大利立法者作对。

欧洲目前爆发的激战，结果如何谁也无法预料。然而，有一点我十分确信，那就是不论欧洲大陆发生什么事情，我们政府和我们人民都将跟过去一样坚持到底，就算独自作战，也要坚持到底！我确信，我们有几分赢的把握，并且相信我们将获得美国甚至美洲所有国家越来越多的援助。

请相信，我之所以发出如此庄重的声明，并不是由于我们实力不济或者内心害怕，相信这一点将来会载入史册的。凌驾于若干世纪以来所有其他要求之上的，是这样一种呼声：拉丁文明和基督文明的共同继承者千万不要卷入你死我活的斗争旋涡。在可怕的信号发出之前，我以一切荣誉和尊敬恳求你，千万不要发出这样的信号。

两天后，丘吉尔收到了墨索里尼的回信：

我之所以回答阁下的来信，是想说，阁下一定比我更清楚导致我国与贵国处于敌对阵营的历史的和偶然的重大原因。不用追溯多远，我想提醒阁下的是，1935年，贵国政府在日内瓦首先提出要制裁意大利。当时的意大利不过是想在非洲的阳光下获得一小块空间，这丝毫没有损害到贵国和其他国家的利益。另外，我还想提醒阁下看一看意大利在自己的领海里受人奴役的真实情况。假如贵国政府对德宣战是为了给你的签字增加荣誉的话，那么我相信阁下应该非常清楚，不管发生什么事情，我们对意德条约的荣誉感和尊严感也将成为指导意大利今天的和明天的政策。

5月25日，英国首相丘吉尔和法国总理雷诺联合请求美国总统罗斯福对意大利的侵略行为进行干预。二人在致罗斯福的信中说："英国和法国政府授权我们说明：我们了解意大利在地中海地区的领土问题上对我们怀有宿怨，我们打算立即考虑任何合理的要求；同盟国将允许意大利以一种与任何交战国相等的地位参加和平会议；我们将邀请总统监督现在所达成的一切协议的实行。总统照办了，但是你的演说被这位意大利独裁者极端粗暴地拒绝了。"

6月10日，也就是德军占领法国不到两周的时间，意大利正式向英法宣战，墨索里尼终于将意大利绑在了战车上。为此，他制定了进攻战略：以东非的军队进攻英属索马里，控制红海南部的出海口；以北非的军队进攻埃及，夺取苏伊士运河。目的一旦达到，则地中海将会成为他未来"新罗马帝国"的内海。

面对德国和意大利的步步紧逼，丘吉尔果断确定了在欧洲取守势、在非洲取攻势的战略方针，尽最大可能将陆军运送到中东和地中海地区。其中，增调至埃及的部队有3个坦克团——皇家第二、第七坦克团和第三轻骑兵团。丘吉尔认为，非洲是英国唯一能够和德意周旋的战场，具有较大的作战空间和防御弹性。此时，英军在东非和北非驻扎着5万人的部队，由中东英军司令韦维尔将军统一指挥，其中3.5万人集结在埃及。英国皇家陆军第七装甲师是这支队伍中唯一的装甲部队。

◎ 滑稽的进攻

6月16日，英军一支小分队秘密越过埃及和利比亚的边境，一举摧毁意军的一个边境哨所。长达两年之久的北非鏖战的序幕就此拉开。

英国皇家陆军第七装甲师在师长克雷少将的指挥下，义无反顾地开赴大战的最前沿。面对意军小而散的部署特点，克雷把部队分成多路奇袭分队，频频越境袭扰，屡屡得手。该师第十一轻骑队战绩尤为突出。他们神出鬼没，经常大胆迂回，深入意军防线后方，以快速灵活的机动战术设埋伏、拔据点，令意军寝食难安。

6月下旬，意大利军队侵入肯尼亚、苏丹和英属索马里。意军一路高歌猛进，几乎没有遇到什么抵抗很快便占领了索马里，从而打开了通往苏丹和埃及的通道。

6月28日，墨索里尼命令意大利军队全面入侵埃及。然而，他的将军们总是以缺乏足够的装备为由故意拖延。

8 月份，当墨索里尼听说德国军队即将入侵英国时，迫不及待地向意大利驻利比亚总督兼意大利驻北非军总司令鲁道夫·格拉齐亚尼元帅下达了第三道进攻令。有"屠夫"之称的格拉齐亚尼是一个残酷无情且极端狂热的法西斯分子，曾因在镇压非洲土著族反叛运动中功勋卓著而受到墨索里尼的器重，被晋升为元帅。这位经验丰富的老帅深知这次面对的是一个强大的对手，况且英军在埃及的防务不断加强，任何轻举妄动都将带来难以想象的后果。

为了应付墨索里尼，格拉齐亚尼只好召开一次高级军官会议。在他的引诱下，与会的军官们得出了相当一致的结论：目前意大利军队的力量还远远不足，根本无法穿越沙漠发动一次大规模的进攻。

墨索里尼了解此事后，对着格拉齐亚尼咆哮道："怎么能做出这种事来？一个堂堂的陆军元帅竟然与下属进行这种协商，罗马帝国的威严何在？"

格拉齐亚尼任凭墨索里尼怎样训斥，不敢多说一句。他深知这位独裁者的脾气，哪怕申辩半句，自己都有解甲归田的可能。十几分钟后，墨索里尼才平静下来。

格拉齐亚尼试探着问："我亲爱的领袖，我有个想法。"

墨索里尼说："说！"

格拉齐亚尼忙说："德国人不是准备近期入侵英国吗？不如等他们发起进攻后，再实施我们进攻埃及的计划。到那时，英军肯定以本土作战为主，北非的英军肯定无心进行有力抵抗，我们在那个时候出兵是不是会容易些？"

墨索里尼接受了格拉齐亚尼的想法，进攻埃及一事只好先搁置起来。

9 月的一天，格拉齐亚尼接到墨索里尼的电话，让他立刻来罗卡古堡的夏宫，有要事相商。墨索里尼见到格拉齐亚尼的第一句话就是："我亲爱的元帅，做好进攻准备了吗？这么长时间了，准备想必已经很充分了吧？"

格拉齐亚尼稳定了一下情绪，说道："由于我军在北非接连失利，加上英国援军源源不断地从地中海运到前线，埃及防务大大加强，这不是意军一朝一夕的准备就能克服的。况且我们一点儿机械化作战的经验都没有，在这方面很难战胜对手。领袖，你也清楚，我们拥有地中海制空权的种种说法纯属宣传，旨在鼓舞部队的士气。另外，所需的许多摩托化装备都被积压在南斯拉夫边界，不能使用，我军力量分散，如果现在进攻，胜利的可能微乎其微。"

格拉齐亚尼絮絮叨叨地说了半天，墨索里尼居然耐着性子听了下去，没有从中打断。过了好一会儿，墨索里尼喃喃自语："看来，我应该另请高明了。"

墨索里尼的喃喃自语在格拉齐亚尼听来，犹如晴天霹雳，他可不愿意降级或被编入非现役的部队，于是用乞求的语气说："我亲爱的领袖，我恳请您再宽限一个月……"

墨索里尼打断他的话："我今天下达最后的命令，限你在两天之内向埃及发动进攻，否则你元帅的位置就到头了！"

9月上旬，格拉齐亚尼组织6个师的兵力对埃及发动了大规模的进攻，他终于开始了拖延已久的行动。

9月13日，意军一支先遣队越过利埃边境进入埃及西部沙漠。紧接着，8万大军在200辆坦克的掩护下，以游行队伍的方式从边境以西3公里处的一个叫卡普佐的村庄浩浩荡荡地出发了。随着一阵嘹亮的军号声，一支穿着黑色衬衫、携带短刀和手榴弹的法西斯突击部队趾高气扬地走在队伍的前面。后面，缓缓开动的是装着大理石里程碑的卡车。这些大理石里程碑是意大利军队用来标示胜利进程用的，他们并没有意识到，对于一支攻不能克、守不能固的队伍来说，带着这样的东西出征是多么滑稽。

意大利士兵

意大利的先头突击部队穿过利比亚高原边缘的陡坡，沿着狭窄的海岸平原一路悠闲自得地向前推进，好像是在进行一次并不正规的长途拉练。整整4天时间，队伍仅仅推进了不到97公里，来到西迪巴拉尼小镇。格拉齐亚尼元帅下令所有部队停止行动，一边安营扎寨、加修工事，一边乞求着墨索里尼增派更多的人员和供给品。

希特勒对意大利这种拖拖拉拉的战术深感忧虑。德国空军在英国上空所遭受的巨大损耗与重创，无法让希特勒镇定自若地看着他的盟友在北非战场上无所作为。他担心英军迟早有一天会从设在埃及的基地向意大利军队实施猛烈轰炸。这样一来，轴心国在中东地区的利益必将受到严重损害，更可怕的是有可能影响到即将入侵苏联的"巴巴罗萨"计划。

◎ 骁勇的不列颠骑士

　　10月4日，希特勒会晤了墨索里尼。希特勒主动提出愿意提供装甲部队和飞机大炮帮助意大利军队早日行动起来，但他的这番好意遭到傲慢自大的

希特勒和墨索里尼

墨索里尼的冷漠拒绝。墨索里尼向希特勒表示："强大的意大利军队无需任何帮助，我们一定会在 10 月中旬前重新开始伟大的进攻行动。"他还不忘说："欢迎德国在战役的最后阶段给予我们最强有力的援助。"

10 月 28 日，意大利军队突然入侵希腊，希特勒对此一无所知。为了教训一下这位嚣张的盟友，希特勒决定暂缓对意大利军队的任何援助。

希腊战役结束后在希腊检阅军队的意大利国王

12 月 7 日夜，英国皇家陆军第七装甲师的坦克和装甲车辆潮水般涌出防线，犹如一把利剑，直插意军防线。意军仓促应战，兵力一时难以集中，只有少数坦克展开急速射击。出乎意军意料的是，英军坦克并无拼杀之意，少部分坦克略作抵抗，大部分坦克则勇猛越障，向西迪巴拉尼方向穿插。

12 月 8 日，英军开始对意军营地发起进攻。天气非常寒冷，坦克和卡车的引擎好不容易才发动起来，马上又要投入战斗。营地的意大利军队似乎嗅到了一种不安的气味，但是他们什么也没有发现，眼前只有一望无际的沙地。

12月9日清晨，尼贝瓦据点的意大利守军正在煮咖啡、烤面包，准备吃早餐。等他们意识到这可能是最后的早餐时，英国的坦克和装甲车辆已进抵兵营四周低矮而简陋的围墙，防卫墙上惊呆了的哨兵被英军装甲车上的布朗式机枪射杀。伴随着尖锐的苏格兰笛声，装甲车内的士兵迅速涌出车厢，在"马蒂尔达"坦克的引导下汹涌地冲进了意军兵营。英军坦克车里射出的炮弹击毁了20多辆停在营地外的意军M-13型坦克。此时，意大利的反坦克炮火才想到还击，但炮弹无法穿透英军坦克的装甲。混乱中，意军骑兵的战马多数受惊，四散奔逃。

上午9时，意军的第一座兵营落入英军之手。此役，意军被俘2000多人，死伤200多人，部分人员四处逃散。英军控制了尼贝瓦据点后，继续向北朝其他据点进发。英军的炮火刚刚轰了几下，一面面白旗就竖了起来，一群群意军士兵高举着双手从残缺的工事里缓缓走出来。

12月10日，利比亚总督兼意大利驻北非军总司令格拉齐亚尼元帅为保存实力，放弃西迪巴拉尼仓皇西撤。意军刚行至布克镇东侧，就进入了英军第七装甲师的伏击圈。一场激烈的短兵相接后，1.4万意军成了俘虏，残余人马丢弃200门火炮，慌忙逃过边境，退守利比亚的巴迪亚要塞。

巴迪亚要塞是一座建于104米高的悬崖上、离边境线20公里的海岸要塞。该要塞驻兵4.5万人，拥有400门大炮，防守线前面是一道3.7米宽的反坦克沟壑且遍地埋有地雷。要塞指挥官安尼巴勒·贝贡佐立中将在西班牙内战中脱颖而出，被公认为意大利最优秀的军官，脸上蓄着一把火焰般的红胡子，人送绰号"电胡子"。

1941 年 1 月 3 日黎明，英国皇家空军经过一整夜的猛烈轰炸，英联邦国家澳大利亚军队在附近海上 3 艘战舰炮火的协同配合下，向意军把守的巴迪亚要塞发起进攻。澳大利亚军队在将近 13 公里的战线上撕开了意军的防御工事。

二战时期的英国皇家空军

1 月 4 日黄昏时分，澳大利亚军队肃清了最后一批防守者，俘虏 4 万人。要塞指挥官安尼巴勒·贝贡佐立逃到西边 113 公里的海港要塞托布鲁克。然而，托布鲁克也不是避难所。英军第七装甲师很快就包围了托布鲁克，澳大利亚军队随后赶到。驻守托布鲁克的意军经过 36 小时的激烈战斗于 22 日投降。

英国皇家陆军第七装甲师一个月内连克 3 城，俘虏意军 7 万多人。在英军梅塞马特鲁的战俘营内，一队接一队身着布满灰尘的绿色制服的意大利士兵人头攒动，挤满了广阔的操场。战俘营的英军长官只好下发许多帐篷、木头和带刺的铁丝，让他们动手建设"美好家园"。

1月11日，希特勒派遣一支德国阻击部队火速前往北非，全力阻止英国军队向前推进。就这样，赫赫有名的"非洲军团"很快便组建起来。新改编的第五轻型装甲师由约翰尼·斯特莱克担任指挥，它是从第三装甲师中抽调出来的核心力量组成的，是"非洲军团"的第一支部队。刚开始，它只有一个坦克连。第五轻型装甲师按计划应在1941年2月中旬赶到北非，但是由于1月22日托布鲁克的陷落，计划不得不提前。

意大利军队在托布鲁克战败后，退守东利比亚弓形海岸西侧的大港班加西，等待来自罗马的援助。2月3日，当意军获悉英军继续西进的消息后，又慌忙向西利比亚方向撤退。中东英军总司令韦维尔收到空军侦察发回的情报后，决定展开千里大追杀。他命令部队兵分两路：一路沿弓形海岸从正面突向班加西，另一路直取班加西南侧，切断意军退路。

2月4日凌晨，英军第七装甲师师长克雷指挥所部第四装甲旅和第十一轻骑队一头扎进荒无人烟的戈壁。搅起的漫天黄尘吹进他们的眼睛、耳朵和鼻孔，士兵和战车在浑浊的空气中喘息着。克雷和他的战友日夜兼程，不辞辛劳，如期抵达班加西以南161公里的贝达富姆地区，并迅速构筑防御工事，建立主阵地。

2月6日晨，英军贝达富姆阻击战全面打响。意大利军队大队人马沿海岸公路向南蜂拥而至，100辆巡逻坦克在前面开路。英军第七装甲师充分利用仅有的29辆坦克，以逸待劳，依托发射阵地，凭借有利地形突然向意军发起猛烈的攻击。意军顿时乱作一团，坦克频频被毁，升起一股股浓烟。

一阵大乱过后，意军队伍渐渐恢复了原有的队形，以绝对优势的兵力向英军阵地反扑。克雷急令英军第三、第七轻骑队派出轻型坦克出击，从侧翼以准确的火力支援正面战斗，打乱意军部署。意军受到两面夹攻，阵脚再次大乱。夜幕降临，意军有半数坦克横七竖八地被抛弃在阵地前沿。

6日夜，急于突围的意军发起多次凶猛反扑。爆炸声连续不断，炮弹、曳光弹拖着长长的尾巴来回穿梭，密如织网，双方打得难分难解。

2月7日黎明，枪炮声渐渐稀落，偶尔一两声冷枪再也激不起双方疲惫的斗志。一位跛着脚的意军士兵从一辆坦克残骸的右侧爬了起来，抖了抖身上的沙尘，举着双手大喊大叫。他的举动像瘟疫一样迅速传开，意军纷纷缴械投降。当天，英军顺利攻占贝达富姆，并于9日进抵通往利比亚的咽喉——阿盖拉，打开了进攻的黎波里的大门。

从1940年12月到1941年2月，英军在历时3个多月的反攻作战中，以4万人的兵力击溃了意军第十集团军，俘虏意大利士兵13万，击毁和缴获坦克400多辆、火炮1200多门，而英国和英联邦国家军队损失的人数加在一起还不到2000人。同时，英军还向西推进了1300公里，夺取了整个东利比亚——昔兰尼加，将意军远远地赶回利比亚西部，赢得了对轴心国战争的第一个空前胜利。在这场战役中，英国皇家陆军第七装甲师以顽强的斗志和辉煌的战绩受到了世界的瞩目，他们被誉为"骁勇的不列颠骑士"。

◎ 墨索里尼乞求希特勒

　　意大利驻北非的军队被英军打得溃不成军，虽然与英军的勇猛顽强、指挥得力、擅长沙漠作战等特点有着很大关系，但是意大利军队自身存在的问题和缺陷是其惨败的主要原因。意大利军队虽然人数众多，但是受装备陈旧、士兵缺少系统训练及兵力结构不合理等因素影响，致使其军事素质和作战能力很弱。

　　意军的 M-13 型主战坦克是仿照英国卡登・劳埃德的 MARK-VI 型坦克制成的，机体太轻，引擎动力明显不足，根本无法抵挡住敌军炮火的攻击，就连他们的士兵都戏称其为"缓慢移动的棺材"。虽然意军有 1939 年投产的 M/11-39 型中型坦克，但是仅安装了机枪和 37 毫米口径火炮，攻击能力仅处于 30 年代初期的水平，与英军的坦克相比差距甚远。另外，意大利军队缺乏设计新颖、性能优良的反坦克枪炮和反战机火炮。其主要用于作战的野战炮还是第一次世界大战遗留下来的旧设计，是在凡尔登战役中声名大噪的法国 75 毫米口径加农炮的仿造品。意军的作战飞机早已过时，根本无法适应现代战争的需要。意大利军队最致命的一点是，它庞大的军队主要是步兵，而且没有充足的运输设备。此时，北非意大利军队的各种机动车总共加起来仅 2000 辆，还比不上德国军队 1 个机械化师拥有的数量，这使得它根本不可能组织起有效的快速作战行动。

除去这些客观缺陷外，意大利军队糟糕透顶的指挥系统也是其无法形成战斗力的重要原因。利比亚总督兼意大利驻北非军总司令格拉齐亚尼元帅及其手下主要军官因缺乏足够的战斗热情而疏忽了对部队的指挥和检查。他们驻守的几个据点相互之间支持不够，防御设施的深度也明显不足。在修筑西迪巴拉尼村周围的防御工事时，意大利军队在两个主要据点之间居然留下了一个宽 24 公里的无人防守甚至无人巡逻的地带，后来正是这个地方成了英联邦国家澳大利亚军队的突破口。大为震怒的墨索里尼毫不留情地指责格拉齐亚尼元帅："6 个将军被俘，1 个将军战死，你的战果可真不小啊！"墨索里尼决定以战争失利为由撤销格拉齐亚尼利比亚总督兼意大利驻北非军总司令的职务。

意大利军队在北非节节失利，令墨索里尼如坐针毡，他没有别的选择，只好暂时低下自己那颗高贵的头颅，冒着被耻笑的危险去求助他那位横扫欧洲大陆的盟友希特勒。墨索里尼心里比谁都清楚，这样一来，意大利在北非的军事指挥权只能被迫转交给德国人，这也是没有办法的办法。

希特勒面对意大利人在北非战场的失败，一方面大为恼火，一方面又有点儿幸灾乐祸。他从心眼儿里就瞧不起那支貌似强大、实则弱不禁风的意大利军队。非洲的战略地位不可小觑，任何一种准备置非洲于不顾的战略思想都是错误的,希特勒对这一点心知肚明。

墨索里尼不情愿地与希特勒举行了会晤,他准备忍受一番希特勒近乎神经质的嘲笑和奚落。然而,令墨索里尼没有想到的是,希特勒给予了他亲切而热烈的拥抱。当墨索里尼不好意思地请求德军增援时,希特勒慷慨表示,北非对意大利、对整个轴心国至关重要,德国决不会让意大利失去北非。为此,他准备派遣精锐的装甲兵团开赴北非战场,准备和英国人在北非打一场沙漠里的坦克大战。其实早在1940年12月份,英国重新夺取埃及的时候,意大利的最高统帅部就曾请求过德军的紧急援助。希特勒当时答应派出100架轰炸机和20架护航战斗机前往西西里岛和意大利南部,用以保护意大利船只和攻击英国开往埃及的护航舰队。

希特勒失望地看着北非的意大利军队不停地向的黎波里撤退,决定派人去利比亚了解一下前线的情况,然后有的放矢地展开德军的北非行动。他派去的这个人是一直担任第五轻装甲师指挥的普鲁士贵族汉斯·冯·冯克少将,这位贵族少将也是被希特勒寄予厚望的担任"非洲军团"总指挥的首要人选。

"元首,第五轻装甲师师长冯·冯克少将求见。"秘书的话音未落,冯克顾不上保持自己的贵族派头,脚步慌乱地闯进希特勒办公室。

"什么事?"希特勒皱皱眉头。

冯克向希特勒报告了奉德军总参谋部的委派前往利比亚进行实地调查的情况。冯克显然是被沙漠英军势如破竹的攻势吓坏了,前言不搭后语地大谈意军的溃败。他最后说:"我的元首,无论如何必须挑选一支阻击部队帮助意大利人防守的黎波里。我认为,原计划派出的部队太少了,无法挽救利比亚的局势。您知道，意大利人实际上完全垮了，英军一旦对的黎波里发起进攻，简直如入无人之境。"

希特勒听了冯克的汇报，内心震动很大，但他故作镇静："意大利人净干些蠢事，一方面发出惊慌失措的喊叫，把自己的弱点完全暴露给英国人；另一方面又过于妒忌和幼稚，认为一旦德军介入又觉得有损于他们这一行动的光彩。要是德军穿上意大利军服作战，墨索里尼肯定是最喜欢不过了。"

希特勒说完，挥挥手示意冯克可以离开了。此刻，希特勒的第一个反应是必须派出一支更大规模的德国部队前往非洲。他认为，一旦英国人控制了利比亚，那就等于让他们的枪口对准了意大利的胸膛，英国人极有可能迫使墨索里尼谈和，这样的结果是希特勒最不希望看到的。另外，英国军队也可能会转移到叙利亚，进而威胁即将开始的"巴巴罗萨"行动，这无疑将严重损害德国的长远利益。

想到此，希特勒拿起电话："我命令，总参谋部原定的阻击部队第五轻装甲师动身后，再派一个完整的装甲师前往北非。"

这样，希特勒的"非洲军团"规模比当初扩大了一倍。放下电话，希特勒转过身，依稀望着窗外冯克已经远去的背影，寻思道：看来这位将军要撤换了。他对北非的局势过分悲观，显然是意大利军队的崩溃严重影响了他的情绪。将来的北非战场必将是艰难而残酷的，这样意志薄弱的人怎么能担此大任呢？看来是需要另找一位有名望的将军来指挥第五轻型装甲师了。

希特勒首先想到的是曼施坦因，这位成功策划了入侵法国的军事天才，有勇有谋，完全能够胜任"非洲军团"总司令的职位。然而，希特勒认为欧洲战场才是主要战场，即将发起的"巴巴罗萨"行动更需要曼施坦因这样的优秀将领。希特勒思虑再三最终将目标锁定在一位年轻的将军身上,他在西线战场上出尽了风头,在德国已成为一个家喻户晓的传奇人物。此时的战场需要这位将军的显赫名声,关键是这个人还懂得怎样激励部下,这就是后来被称为"沙漠之狐"的隆美尔。

德军在北非卸下武器

第二章　进攻是最好的防守

在正面战场上聚精会神准备次日进攻的英国人万万没有想到隆美尔从侧面来了个迂回穿插，顿时陷入一片混乱。隆美尔当机立断，命令2个装甲师向英军发动坚决的钳形攻势，他的原话是："一直打到坦克燃油烧完为止！"

◎ 隆美尔出手惊人

1941 年 2 月 11 日，英军最高统帅部决定撤走在北非的军队，以组织一支远征军赶赴希腊。对轴心国和同盟国来说，希腊目前的形势异常复杂。意大利军队的入侵像他们在埃及一样，没有获得任何成功。希腊军队尽管装备很差，人员很少，但是凭借勇猛和顽强的战斗精神，反而使意大利的罗马军团连遭失败。

丘吉尔怀疑无论在利比亚还是在希腊，希特勒都会被迫赶去援救他的轴心国盟友。丘吉尔打算履行他早先对希腊人许下的诺言，即希腊一旦遭到德国攻击，英国立即出兵援助。在随之而来的军事冲突中，德国人将把英国人赶出大陆，把战争舞台移到了战略要地克里特岛，在那里展开了大战开始以来最血腥的一次战斗。

2 月 12 日中午，一架德国"容克"式轰炸机降落在利比亚首都的黎波里以南 24 公里的贝尼托堡机场。舱门开启，一个相貌英俊的矮个子德国军官走出机舱，他就是隆美尔，希特勒钦点的"非洲军团"总指挥。

隆美尔

　　隆美尔，全名埃尔温·约翰尼斯·尤根·隆美尔，1891 年 11 月 15 日生于德国南部的海登海姆，和许多德国将领不同，隆美尔并非出身军人世家的贵族家庭。因此，他的姓名中没有"冯"这个单词，他的父亲是位小学校长。幼年时的隆美尔并不特别聪明，十几岁后才慢慢开窍。1910 年 7 月，他进入符腾堡第四十三步兵团担任下士入伍生，次年 3 月进入但泽军官学校。1912 年春天毕业后，隆美尔回到原来的部队任少尉排长。

　　一战时，隆美尔随部队开赴法国，后又在东线与罗马尼亚人和意大利人作战，先后获得德皇威廉二世授予的二级铁十字勋章、一级铁十字勋章、功勋奖章。一战结束后，担任过步兵营长和陆军学院教官。1936年9月，任希特勒警卫部队指挥官。1937年，他将自己在军官学校时的讲义整理出版，书名为《步兵攻击》。这本书一经问世就引起了德国军事专家的关注和推崇，随后几年该书一再重印，并引起了希特勒的注意。1938年，隆美尔升任元首大本营司令官，并获少将军衔。1940年2月任第七装甲师师长，为该师赢得了"魔鬼之师"的称号。

1941年1月，隆美尔担任德国"非洲军团"中将军长。他到达北非后，不到两个月就扭转了北非战局。隆美尔被晋升为上将。非洲战场的出色战绩，为隆美尔赢得了"沙漠之狐"的美誉。1942年6月，隆美尔被擢升为德国陆军元帅。1943年2月，德国组建非洲集团军群，下辖德国第五装甲集团军和德国－意大利第一装甲集团军，隆美尔任总司令。1943年3月31日，希特勒将隆美尔召回最高统帅部，授予他橡树叶钻石勋章，命他免职疗养。1943年8月，希特勒再次起用隆美尔，任命他为驻意大利北部B集团军群司令。12月，B集团军群司令部移驻法国，隆美尔受命负责构筑沿海要塞工事，即"大西洋壁垒"。

1944年7月17日，隆美尔乘车视察前线返回途中遭遇美军飞机袭击，被摔出车外而负重伤。7月20日，施陶芬贝格暗杀希特勒的行动失败后，隆美尔被指控为谋杀希特勒的同犯。10月14日，希特勒派人送毒药给隆美尔，并传达了希特勒的指示：服毒自尽，将对隆美尔的叛逆行为罪严加保密，并为他举行国葬，其亲属可领取陆军元帅的全部抚恤金；否则，将受到法庭审判。隆美尔选择了前者。希特勒下令为隆美尔举行国葬，隆美尔的老上级、陆军元老龙德施泰特元帅致悼词，希特勒亲自为其送葬。

在二战众多名将中，能做到生前显赫、死后殊荣不断，特别是被敌对双方都认可的，唯隆美尔一人。后人对隆美尔的评价趋于两极化，支持的人将其称为纳粹德国的战神，其高超的军事素质和出色战术才能受到了许多军事爱好者的推崇，甚至是著名军事家的尊敬和崇拜；反对的人根据其战略错误称之为"战术上的巨人，战略上的矮子"，鉴于隆美尔曾经是希特勒的爱将，是希特勒最得力的侵略工具，因此又被称为"二战纵火犯"。

隆美尔抵达利比亚时，驻利比亚的意大利军队只剩 5 个装备简陋的师和 60 辆落后的轻型坦克。隆美尔到来后，马不停蹄地对这里的地形做了一番勘察。接下来，他期待的是希特勒允诺的 2 个德国装甲师能尽快到来。已被失败笼罩的意大利军队急需一次胜利来恢复信心，但这个胜利靠他们自己是不行的，他们已被英国人吓破了胆。

2 月 14 日，一艘运兵船在的黎波里港口处越过 1 艘毁坏的救护艇。隆美尔的先头部队——第五轻型装甲师到了。士兵们整齐地排列在甲板上，心情激动地看着这片对他们来说异常神秘的非洲大陆。

这一天，隆美尔在的黎波里市中心广场上举行了盛大的阅兵式。身穿新式热带军服，胸前佩戴着令人生畏的骷髅头徽章的德军士兵雄起起气昂昂地接受了他们所崇拜的司令官隆美尔中将的检阅，一辆辆涂上了黄沙一样颜色的坦克和装甲车隆隆地驶过，把整个的黎波里震得发抖。

一连几天，坦克一辆接一辆地驶过，把当地人看得目瞪口呆。其实，这是隆美尔为迷惑英国人而玩的把戏。为了对付英军的侦察，隆美尔命令部下用木头和纸板做了几百辆逼真的坦克，借以刺激一下早已失去了斗志的意大利人，捎带着吓一吓严阵以待的英国人。真正的坦克则为了避开敌机拍照，正在井井有条地转动着履带开过茫茫沙漠。

隆美尔给装甲团指挥官下达指示："让敌人猜猜我们的实力，也可以说是让他们猜猜我们的弱点，直到第五轻型装甲师的其余部队都到达这里为止。"

然而，没等"非洲军团"的装甲部队全部到达，一向崇尚进攻的隆美尔就迫不及待地命令先期到达的第五轻型装甲师发动了进攻。战前的一些欺骗手段使得英军确信隆美尔拥有一支数量惊人的装甲部队，认为任何抵抗都是徒劳的。在隆美尔半真半假、虚张声势的进攻面前，英国人开始了总退却。

◎ 违抗最高统帅部令

2 月 24 日，隆美尔的"非洲军团"与英军在诺菲利亚以东 121 公里处第一次遭遇。德军第三侦察分队的装甲车队和摩托化队与英军的装甲车队和反坦克炮队交火。"非洲军团"在隆美尔的指挥下取得了第一次胜利，他们击毁了英军的 3 辆装甲车，抓获了 3 名英军，而"非洲军团"毫无损失。尽管隆美尔认为这是一个好的征兆，他还是很惊奇英军很少出来活动。隆美尔期待着能在的黎波里会一会骁勇善战的英军，然而此时此刻他看不出英军有任何迹象要从他们在昔兰尼加的新基地继续推进。

2 月 25 日，德军第五轻型装甲师最精锐的第八机枪营到达北非。这支被隆美尔认为最要紧的部队的延迟到达，让隆美尔没有充足的时间来训练他的作战人员。许多天来，除了几次有关热带常见病的令人毛骨悚然的讲座外，"非洲军团"没有进行任何专门训练，部队将士们对他们即将承担的使命实际上并没有充分的准备。第五三一炊事连带来许多个烧木材用的炉子，到了北非沙漠才发现，这里根本就没有树木可烧，燃料要从意大利船运。

北非战场上，德军的装甲部队

德军"非洲军团"的沙漠训练课包括连续不断的野外练习和如何穿越茫茫戈壁。同时，士兵们不用教，自己就学会了如何忍受酷热和对付成群讨厌的黑蚊子、贪婪的沙漠跳蚤以及无孔不入的黄色沙尘。隆美尔要求自己和参谋部各位军官与士兵共患难。为了磨炼参谋部军官的意志，他把总部从的黎波里的"文明开化地区"移到了塞尔特的简陋营地。

"非洲军团"不论人数还是对沙漠知识的掌握方面都在增长，但在装甲师到来前，隆美尔的心里感觉不到舒服。英国军队和澳大利亚军队一路向西追赶意大利军队，他们追了800多公里的那种出色表现，已经毫无疑问地证明了坦克在沙漠战中的价值。为了制造装甲力量的假象，隆美尔让设在的黎波里附近的车间制作了几十辆木头加帆布的假坦克，装在"大众"车的车架上，即使在期待已久的第五装甲团后来真正运来了 150 辆坦克时，他仍然采用这一招数迷惑盟军。

在的黎波里检阅装甲部队时，为了给当地的间谍留下印象，隆美尔故意让那些还未涂上沙漠伪装色的坦克绕着街区跑了几趟，以造成数量庞大的假象。隆美尔非常懂得士兵的心理，他宣称："最重要的是一名指挥官必须与他的部下尽量建立起一种个人的同志般的关系。一旦掌握了这样的心理控制技巧，部队的作战能力就能大大地提高。"

为了达到上述目的，隆美尔经常深入部队基层，与士兵们同食同寝。一名参谋部军官记录道："将军觉得非常有必要见一见那些直接面对敌人作战的士兵，他愿意跟他们说话，爬到他们的掩体中跟他们聊上一会儿。"这样做的结果使"非洲军团"的士兵与他们的司令官建立了一种精神上的纽带关系。隆美尔的作战行动官梅伦廷少校对自己的长官如此评价："他知道如何让部队感觉到某种不朽。"

3 月 19 日，隆美尔飞往柏林，他此行的目的是说服希特勒和最高统帅部支持即将在北非进行的大规模攻势。希特勒借此机会授予隆美尔"铁十字"勋章，以表彰他在法国的功绩。然而，此时德军上下都在忙着准备入侵希腊和苏联，根本派不出更多部队去支援被视为"穿插表演"的北非战场。

最高统帅部以口头和书面两种形式指示隆美尔继续坚守，直到 5 月下旬第十五装甲师如期到来，到那时才可以进行有限的进攻行动。如果成功的话，他可以长驱直入，一直打到昔兰尼加西部的阿格达比亚。然而，不管情况如何，"非洲军团"都不能推进至班加西以北地区。

3月21日，失望的隆美尔回到北非，他决定违背最高统帅部的命令。隆美尔决定攻击英军在塞尔特以东282公里的阿吉拉的先头部队。

3月24日，隆美尔擅自命令由德军和意军组成的"非洲军团"向英军发起试探性的进攻。由第三侦察大队的摩托车队、装甲车队和汽车队组成的一支德军混合部队开赴阿吉拉。坦克潮水般地涌入战场，履带搅起的黄沙遮天蔽日，座舱里的嘈杂声震耳欲聋，几乎没费一枪一炮就攻占了巴比亚峡谷旁边的一座要塞。英军如此快地放弃阿吉拉，连隆美尔都感到奇怪："敌军怎么没有想象中的那么强大？"德国空军的侦察、无线电通信的窃听、隆美尔自己对战场的敏锐感觉等种种迹象都在暗示着英军的软弱。

其实，英军的力量比隆美尔想象的还要脆弱。在派往希腊的经过重新改编的部队中，有2个在北非击溃意大利军队的战役中表现出色的师已经被经验欠缺、实力不足的另一支部队取代。英军驻北非总司令韦维尔对这些缺陷很不满意，他认为隆美尔仅仅是在进行试探性的攻击，而不是真正意义上的进攻战。韦维尔之所以产生这样的想法是因为他窃听了北非与柏林之间通过无线电进行的高级绝密谈话，这使他很清楚，柏林不允许隆美尔在5月下旬前发动攻势。然而，让韦维尔没有想到的是，他虽然获得了准确的情报，却不了解隆美尔这个人。

3月30日，隆美尔的"非洲军团"攻击了英军在梅尔莎布列加的新据点。随着第五装甲团向前挺进，站在坦克枪架上的团长杰哈德·克莱因正要开火，但马上看出那个出现的东西只不过是一头被惊吓的骆驼，它后面才是咆哮而来的装甲车。英军不是那么容易被打败的，德军的进攻在密集的炮火下无法向前推进。

隆美尔下令斯图卡轰炸机俯冲轰炸英军炮队，接着又派出第八机枪营配合攻击。同时，第二机枪营快速通过山区，从侧翼包围英军。当天晚上，英军放弃了梅尔莎布列加。此时，这座弹痕累累、到处都是白色房子的小镇回响着德国"非洲军团"嘹亮的口号声。

　　4月2日，德军追击英军80公里，一直追到海岸公路的下一个城镇阿格达比亚。下午3时30分，"非洲军团"第五装甲团的几支队伍在公路以南进行了一次小规模的战斗。他们碰巧撞上一群巧妙隐藏在贝都因人帐篷里的英国巡逻坦克。德国人马上从惊奇中反应过来，在威力强悍的88毫米口径大炮的支援下，他们击毁了7辆英军坦克，自己也损失了3辆。英国军队受不了这样的打击，因为它的第二装甲师现在剩下的坦克还不到50辆。半小时后，第五装甲团占领阿格达比亚。

　　此时的隆美尔对自己的计划充满信心。现在刚刚4月份，他就完成了最高统帅部6月初的任务。特别值得一提的是，这只是刚刚追击，还没有尽全力地打上一场漂亮仗。接下来，隆美尔决定一直紧追撤退的英军及英联邦国家的军队，争取一鼓作气拿下整个昔兰尼加。

◎ 英军史上最不光彩的一页

4月3日，当隆美尔准备向利比亚进发时，他那位名义上的上司、意大利驻北非军总司令加里波第赶到阿格达比亚。加里波第生气地冲隆美尔咆哮："马上停止进攻，罗马和柏林都没有授权这次行动！"

就在加里波第和隆美尔生气地争论时，一名传令兵递给隆美尔一份电报。隆美尔大致看了看，咧开嘴笑了。电文是最高统帅部发来的，隆美尔以胜利者的口吻宣布："柏林给我完全的行动自由。"其实，最高统帅部的命令刚好相反，严厉批评了隆美尔，坚持要求"非洲军团"停止前进。然而，隆美尔的虚张声势起了作用，不明就里的加里波第只好让步。

隆美尔在后来的军事行动中摒弃了所谓"不得分化部队"的传统原则，他把他手下的德国及意大利部队打散分成4个纵队，每个纵队都有坦克、装甲车和卡车运送的步兵。隆美尔要求4个纵队保持大致平行的队伍，分别朝北和朝东挺进昔兰尼加半岛。

隆美尔的"非洲军团"第三侦察大队沿着海岸公路向北挺进，占领英军放弃的班加西港后，继而向东穿过沙漠，直取梅智利的英军基地；第二支纵队紧跟第一支纵队到达班加西后，继续沿着海岸公路向德尔纳进发；在南边，第三支纵队由波纳特的机枪队和赫伯特·奥尔布里奇指挥的第五装甲团任先锋，穿越沙漠经姆塞斯绿洲向梅智利挺进；最南边的第四支纵队直奔沙漠中心，通过一条古老的商旅小径前往梅智利以南64公里的腾格德尔。隆美尔希望，通过4支强大纵队的快速穿插，截断正在撤退的英国军队，并迫使他们参战。

除了第二支纵队外，"非洲军团"的其他几支部队遇到了残酷的沙漠。汽车陷入柔软的沙子中，不适应沙漠气候条件的引擎因过热而停止运转，其他机器里也塞满了沙尘。一队坦克在穿越一片干涸的盐碱地时，看到前面好像有一个巨大的湖泊，等到走近才发现原来是海市蜃楼。最糟糕的是，被贝都因人称作"基布利风"的狂猛沙尘暴突然袭击似的从撒哈拉大沙漠那边随风刮来，它可使温度上升到130华氏度，乌云般的细沙使能见度几乎为零。

隆美尔像一只老鹰看护着自己的部队。他不是在士兵们中间，就是在头顶的侦察机里，时而四处盘旋看看有没有走失的部队，时而低空飞行，鼓励部队继续前进。一天早晨，隆美尔把一支正在撤退的英军车队误认为是自己的部队，差一点儿停在他们当中。当飞行员和隆美尔看清英军士兵头上戴的钢盔时，飞行员才在最后时刻把飞机拉了起来。

隆美尔经常不让飞机着陆就发号施令。有一次，一支疲惫不堪的机械化部队正要停下稍稍喘息时，一个小盒子从飞机上掉下来，盒子里有张字条："再不立即前进，我就下来了。隆美尔。"

3 日晚，"非洲军团"占领班加西。隆美尔的"闪电战"收效显著：英军溃退 800 公里。大批撤退的英军士兵挤进土耳其人当年在梅智利修筑的一处要塞。英国人后来称这次大溃退为"托布鲁克大赛马"，是英军历史上最不光彩的一页。此时，隆美尔立即命令 3 支沙漠纵队去那里会合。

4 月 6 日清晨，隆美尔的部队距离英军据守的要塞只有十几公里，但他身边只有几个人。尽管他做了最大的努力，情况还是没有什么改善，他的大批部队还散落在沙漠中，没有燃料，还要饱受沙尘暴之苦，不知道确切位置。一些部队尤其是拥有最多坦克的第五装甲团，根本联系不上，好像从人间蒸发了。

隆美尔命令第五轻型装甲师师长斯特莱克："下午 3 时发起攻击！"

斯特莱克有些顾虑地说："将军，这恐怕不行，因为第五轻装师大部分人员还没有赶到。"

隆美尔穿着羊毛长裤和灰色紧身上衣，正站在那儿汗流浃背，而他看见斯特莱克竟然穿着凉爽而舒服的卡其布短裤，禁不住大声咆哮："你简直是个懦夫！"

斯特莱克实在是受不了这种侮辱，他抓住隆美尔的衣领，愤愤不平地解开自己去年在法国因勇猛而获得的"铁十字"勋章，喊道："将军，请收回你的话，否则我就把它扯下来扔在你的脚下。"

隆美尔见事态不妙，赶紧向斯特莱克道歉，心里却暗暗发誓要尽早除掉这个不听话的家伙。隆美尔是个不容易相处的人，他的一位朋友曾经说过："他（隆美尔）非常苛刻，不仅对别人，对他自己也是如此，他的体内好像有一台永不停息的发动机。他毅力非凡，要求下属同样如此，根本没有意识到普通人都有身体和心理上的限度。"

4月8日，隆美尔集合部队，命令立即攻打梅智利。隆美尔坐在飞机上观战，有一次竟飞到46米下的1支意大利步枪营的射击圈内，差点儿丢了性命。几分钟后，隆美尔让飞机降落，他想下去跟炮兵们谈谈。疏忽大意的飞行员在降落时不慎撞上了一座沙丘，起落架折断了。隆美尔让经过的一辆卡车停下，不走运的是，这辆卡车后来被沙尘暴困了几个小时。此时，攻打梅智利战斗正在紧张地进行。德意两国军队炮火齐射，使英国和英联邦国家的军队根本无法逃脱。接着，德意军队在仅有的几辆坦克和防空炮火的掩护下，步兵开始向要塞发动猛攻。等隆美尔及第五轻型装甲师赶到梅智利时，要塞已被攻下。

隆美尔当天驱车80公里到达海岸边的德尔纳，"非洲军团"在这里取得了一场胜利。两天前，隆美尔曾命令波纳特上校的第八机枪营截断英军沿巴比亚谷地的逃亡路线。波纳特及其手下的枪手们为了阻止英国人的突围，几乎弹尽粮绝，但是他们感到非常自豪，他们抓获了4名将军。其中一位将军是菲利普·尼姆中将，另一位是尼姆的前任，仅在5天前刚从埃及调来监督尼姆的理查德·奥康纳将军。两个月前，奥康纳曾率领英国装甲军一路向西横扫昔兰尼加地区。两个月后的今天，隆美尔的到来令战局完全扭转过来。

◎ 闪电攻击

4月10日，隆美尔向"非洲军团"通报了下一个作战目标——苏伊士运河。作为该计划的第一步，德军必须占领德尔纳以东161公里的战略要地托布鲁克港。该港控制着进入埃及的交通运输线，也是班加西以东最好的海港，能够缓解"非洲军团"的后勤压力。

为了顺利占领托布鲁克，隆美尔匆忙调集第三侦察装甲车队、第八机枪营和一支反坦克炮兵营组成先头部队。这支部队的指挥官是第十五装甲师师长海因里希·冯·普里特维茨少将。普里特维茨急于参战，他已先于他的部队飞赴前线。

中午时分，在距离托布鲁克10公里处，普里特维茨正站在汽车里指挥手下的一班新人时，一排反坦克弹击中了汽车，这位将军和他的司机当场身亡。几小时后，当隆美尔正在托布鲁克南边进行侦察时，只见一辆英国指挥车风驰电掣般地向他冲过来。这是斯特莱克部队曾经缴获的那种指挥车。隆美尔命令 1 名士兵架起机枪正要准备射击时，指挥车来了个急刹，从车里跳出的是第五轻型装甲师师长斯特莱克，他向隆美尔报告了普里特维茨阵亡的消息。

隆美尔生气地说："斯特莱克先生，你怎么能开着一辆英国车在后面追我？我正要命令士兵向你开枪呢。"

"开吧，如果这样，你一天之内就损失了两名装甲师师长。"

隆美尔愤怒地命令斯特莱克和他的第五装甲团团长赫伯特·奥尔布里奇继续向前推进，根本不顾将士们需要休整和补充给养。他认为，"非洲军团"面对的是一支准备做敦刻尔克式大撤退的弱旅。他先是采取深入穿插的战术，结果造成的伤亡比预计要高出许多，然后又发动了猛烈的轰击。

4 月 12 日，"非洲军团"第八机枪营和 20 多辆装甲车发动了一次深入穿透，结果装甲车深陷在反坦克沟壑里动弹不得。德国人直到陷进去时才知道上了当，第八机枪营只好在寒风中挖了一个晚上的战壕。

4 月 13 日，隆美尔谋划了一次类似于在法国进行的"闪电战"攻击，由步兵和装甲兵共同完成。隆美尔的战术如下：集中优势兵力于某一点，采取强行突破，攻占两翼，然后在英军及英联邦国家军队未来得及反应之前像闪电一样穿透进去，直插其后部。进攻定于 4 月 13 日黎明时分开始。为了掩护进攻，波纳特上校派遣他手下的一支机械化轻型高射炮队开到铁丝网边缘，然后命令第十八高射炮团用 88 毫米口径大炮在后面支援。

隆美尔和他的"非洲军团"在接下来的几周里一直未能攻克托布鲁克这块硬骨头。隆美尔把进攻的失败归罪于斯特莱克和奥尔布里奇，责怪他们缺乏果断的决心。

4 月 27 日，隆美尔的好友保卢斯中将来到北非，他是最高统帅部的一名副总参谋长，正在抓紧时间策划对苏攻势，这次被派往利比亚，是因为隆美尔的作战行动已使总参谋长哈尔德大为光火。

4 月 29 日，保卢斯亲眼目睹了自开战以来"非洲军团"对托布鲁克最猛烈的攻击。晚上 6 点半左右，在炮兵和斯图卡式轰炸机的一番轰炸后，德军坦克和步兵从南北两侧向那座山头发起进攻，最终从山后攻占了 209 号高地，转而攻打托布鲁克。他们排成了一个 5 公里宽、3 公里深的楔形队形冲进环形防线以内。夜间，装备着喷火器的战地工兵冲上前去喷射火焰，附近据点里的英军不得不跑出来。

4 月 30 日清晨，德军炮兵继续轰击。隆美尔走到已被攻占的掩体之间，像一位前线步兵一样匍匐前进。尽管隆美尔增加了援军，战斗仍然僵持不下。

5 月 4 日，"非洲军团"为了扩大战线付出了这次非洲战争开始以来最惨重的一次伤亡——1200 多人伤亡或失踪。保卢斯命令隆美尔停止进攻。其实，保卢斯是被惨重的伤亡和战斗的艰苦吓到了，他在回柏林前，坚决要求隆美尔保持防守，直到供应短缺的问题得到缓解。

5 月 15 日，中东英军总司令韦维尔发动了代号为"短促行动"的攻势。黎明时分，英军投入 55 辆坦克和步兵大队。意军巧妙地一边打一边从哈尔法牙关撤退，英军坦克一直深入利比亚境内十几公里的西迪阿则兹，但在这里遇到了顽强的抵抗。意大利军队终于勇敢地战斗了一次。

5 月 16 日上午，德军掌握了战斗的主动权。第八装甲团第一营和一个高射炮队赶到西迪阿则兹。只剩下 15 辆坦克的赫尔夫马上在索卢姆对英军的侧翼发动了一次突然反攻。损失 18 辆坦克的英军，于 16 日下午向东南方向撤退到哈尔法牙关。英军发动的这次进攻战持续不到两天，损失惨重，最终仅夺回了哈尔法牙关，然而这个要塞他们也不会坚守得太久。

北非战场上的英军坦克

5 月 26 日晚，隆美尔派出汉斯·克拉默上校的第八装甲团及其支援力量从西南方向攻打哈尔法牙关，同时命令第一〇四步兵团的一个营从东北方向发动正面进攻。第八装甲团的步兵们冲上蛇形道路，与防守的英军展开肉搏。几个小时后，他们到达了关隘的顶部，与反方向开过来的装甲兵会合。

隆美尔踏上北非沙漠的这段时间里，他的"非洲军团"挽救了意大利盟军并向东推进了 1600 多公里，如今重新夺回哈尔法牙关的德国人站在了通往埃及心脏地带的门户上。

隆美尔命令从哈尔法牙关到沙漠高原修筑要塞防线，这条新修筑的防线有多处据点，其中包括卡普佐村以南 8 公里左右的 206 号据点和俯视卡普佐南翼的哈菲德山梁上的208号据点。如果巴赫指挥的德意军队能够守住哈尔法牙关，那么其他据点就会形成一个很宽的弧形，将英国装甲部队赶入沙漠作战。

隆美尔不相信间接获得的报告，他每天要亲临前线视察，以获得战场的真实情况，他认为这是胜利的关键。隆美尔的一位军官回忆："他在视察前线时，能够看到一切情况，如果大炮没有伪装充分，如果埋藏的地雷数量不够，如果常务巡逻兵没有足够的弹药，都要亲自过问。"

◎ 打到燃油烧完为止

6月14日，隆美尔通过监听英军的电台得知，英军的进攻将于次日早晨开始，于是命令所有部队保持警戒。为了预先阻止托布鲁克的英军发动进攻行动，他于当天晚上月亮升起时开始用大炮轰击城里。隆美尔的战斗命令简洁明了，一语中的："哈尔法牙关一定能守住！一定能打败敌人！"

英国及英联邦国家的军队远没有隆美尔这么充分的准备，当然他们也就缺乏足够的自信。因上次进攻计划的失败，韦维尔心里承受着最高统帅部的巨大压力。为了挽回一些面子，他精心策划了一个代号为"战斧"的进攻计划。该计划由佩尔斯爵士中将具体负责实施，目标是摧毁隆美尔在哈尔法牙关的部队，以缓解托布鲁克的压力，然后把德意联军尽可能地往西驱赶。

6月15日拂晓，英军开始实施"战斧"行动。英德双方实力悬殊：英军有300辆坦克、116架战斗机和128架轰炸机；德军（包括意军）只有150辆坦克、60架战斗机和79架轰炸机，大炮数量更是少得可怜。

英军中路的坦克团向卡普佐堡方向开进。由于该团全部装备有令人生畏的"马蒂尔达"重型坦克，所以防守阵地的德军第八机枪营对它毫无办法，反坦克炮弹打在装甲上全被弹了回来，德军一筹莫展。毫无顾虑的英军坦克在德军阵地上肆无忌惮，来回碾轧，将德军的大炮轧得粉碎，德军炮手惊恐万分，四散奔逃，英军顺利攻下卡普措堡。

　　北路英军的进攻没有中路那么顺利，虽然他们也装备了令人生畏的"马蒂尔达"重型坦克，但这种坦克的威力被隆美尔破解了。隆美尔目睹了英军"马蒂尔达"重型坦克在德军反坦克炮面前横冲直撞，他知道这场战役的胜负将取决于能否找到一种对付这种坦克的办法。有一天，隆美尔将目光停留在了几门88毫米口径的高射炮上，他立即命令巴赫和他的士兵们把炮管放平，时刻准备着向前来进攻的"马蒂尔达"坦克射击。

　　巴赫和他的士兵们在哈尔法牙关的据点里彻夜等待着。随着一阵马达声的响起，远处出现了缕缕沙尘。当轰隆隆的装甲车队跃入眼帘时，巴赫的神经越绷越紧。炮弹的刺耳声宣布了英军又一次攻击的开始。随着英军的脚步声越来越清晰，久久等待的德军终于忍不住了，巴赫终于发出了开火命令。88毫米口径的大炮发出以前从未经历过的响声。很快，其他反坦克炮也加入进来，好几辆"马蒂尔达"坦克顷刻间冒出浓烟，停了下来，履带、炮架和金属碎片散落一地。被毁坏的坦克后面的印度步兵拼命往前冲，但是在密集的炮火下是根本不可能的。英国的大炮瞄准意大利的炮兵阵地一阵猛打，仍然无法压制住。同时，德国的炮队继续轰击，迫使英军节节撤退。巴赫和他的部队顽强地守住了关隘。

　　高炮低射成了隆美尔挫败英国人"战斧"计划的关键。他马上把仅有的

12门高射炮分成两组，一组放在性命攸关的哈勒法山隘，一组放在另一个战略要地，即英国人南路进攻的目标——哈菲德岭。隆美尔的巧妙布置使得进攻哈菲德岭的英军损失惨重，防守的德军第十五装甲师几乎没费吹灰之力就将英军60多辆"马蒂尔达"坦克变成了一堆废铁。

6月15日夜，英军停止进攻，让隆美尔赢得了宝贵的调整时间。他命令第五轻型装甲师和第十五装甲师撤出战斗，集中全力于拂晓迂回到英军侧翼，一举将其赶下地中海。

在正面战场上聚精会神准备次日进攻的英国人万万没有想到隆美尔从侧面来了个迂回穿插，顿时陷入一片混乱。隆美尔当机立断，命令2个装甲师向英军发动坚决的钳形攻势，他的原话是："一直打到坦克燃油烧完为止！"

当天的战斗结束后，隆美尔把手下各位军官的报告以及无线电窃听到的情报综合在一起，得出了一套清晰的作战思路。当晚，他就有了一个大胆的计划：第十五装甲师向卡普佐的英军发动反攻，同时第五轻型装甲师向西迪欧马进发，然后转到东边攻打西迪苏莱曼，最后与哈尔法牙关的部队会合，切断英军的通信联络。

6月16日凌晨，德军第十五装甲师向卡普佐的英国第二十二护卫大队和第七装甲大队发动了反攻。经过5个小时的激烈战斗，德军损失了80辆坦克中的50辆，被迫停止反攻。中午时分，英军攻下位于卡普佐和索卢姆之间的穆塞德，直逼巴迪亚。这时，英军的进攻逐渐弱了下来，因为装备精良的英国坦克修理站设在遥远的后方，为数不多的随军修理队人员自然感到十分恐慌。

6月17日凌晨，德军第五轻型装甲师的先头部队攻入西迪苏莱曼。该地的英军装甲部队只剩下 22 辆巡逻坦克和 17 辆"马蒂尔达"坦克，即将陷入全军覆没的危险。战斗仍在进行中，隆美尔的信号窃听部截获到一则无线电报告："焦躁不安的英国人正在抱怨燃料和军火严重短缺。"显然，英军虽然守住了阵线，但他们与后方的联系已被德军切断了。

中午时分，中东英军总司令韦维尔和"战斧"行动指挥官佩尔斯一同飞往英军前线指挥部，希望调集第七装甲师发动一次反攻。然而，形势已无可挽回。前线指挥官梅塞韦早就判断出他的部队将在卡普佐和哈尔法牙关被诱擒，所以命令印度第四师撤回，并特别强调责任由他来负。

韦维尔惊呆了，他马上取消了要求第七装甲师发动反攻的命令，并要求全线撤退。韦维尔认为梅塞韦虽然做出这个决定没有得到上级的批准，但他的决定无疑是明智的。事实上，也正是这次撤退挽救了第八军。在 3 天的战斗中，英国和英联邦国家的军队伤亡人数总共不到 1000 人，然而士兵们的生命虽然保住了，但士气受到严重打击。

6 月 18 日，隆美尔离开指挥部，驱车看望那些筋疲力尽的德国和意大利士兵，并向他们致谢。看着这些喜气洋洋的面孔，隆美尔感到无比欣慰。在这次战斗中，他仅把每天的战斗情况向柏林做一次扼要报告，而现在他要沾沾自喜地宣告这一难忘的胜利了。隆美尔声称自己的部队摧毁了敌军 180 到 200 辆坦克，几天后又把这个数字夸张地修改为 250 辆。其实，准确的数字是，英国共损失 91 辆坦克，而德国损失的坦克最终加起来只有 25 辆。

整个 6 月份，对于隆美尔来说是愉快的。他以卓越的战斗和严格的训练赢得了胜利，以至于英军将士们每每谈起隆美尔和他的坦克时，都不免流露出敬畏的神情。在德国国内，隆美尔的声誉同样达到了顶点。希特勒提议，

49 岁的隆美尔晋升为上将。战争爆发以来，短短两年时间里，他由一名中校一跃成了陆军中最年轻的上将。听到这个消息，隆美尔并没有多么激动，只是淡淡地说："这当然是令人高兴的事，然而如果有可能的话，我还会在肩章上添加更多的星。"

对于中东英军总司令韦维尔来说，"战斧"行动的失败终止了他在北非的长期军旅生涯。他给最高统帅部的报告显示了他无所畏惧的勇气："我不得不遗憾地向大家报告：'战斧'行动失败了，而全部责任都在我……"将一切过失归于自己是韦维尔的一贯作风。将军一夜之间老了 10 岁，头发全白了，步伐变得异常沉重。

韦维尔将军坐在中东英军总司令部办公桌后宽大的扶手椅上，收音机里正广播着最新的消息："今天清晨 4 时，德军动用了 300 多万人、3000 辆坦克和近 2000 架飞机，对苏联发动了突然袭击，苏联军队正在斯大林的领导下，奋起反击……"

韦维尔拿起桌子上摊着的一张纸："首相致韦维尔将军：奥金莱克将军将接替你的职位担任中东英军总司令，而你是一名无与伦比的优秀人才和十分杰出的军官，将填补英印总司令的空缺职位。"

韦维尔苦涩地一笑，个中酸楚和苦涩恐怕只有他自己才能体会到。他清楚，自己在北非的使命结束了。

"战斧"行动让韦维尔丢掉了中东英军总司令的职位，却成就了隆美尔"沙漠之狐"的美名，它代表了隆美尔的装甲部队第一次决定性地战胜了强大的盟军。另外，还进一步证实了他原来取得的胜利不是纯粹依靠运气，而是他大胆的战术和亲自督阵指挥的风格。战役胜利后，隆美尔用 3 天时间巡视战场，向他的将士们表示祝贺。在哈尔法牙关，他尤其赞扬了巴赫上尉，建议给他授予一枚"铁十字"勋章，并提拔他为少校。这期间，隆美尔的"非洲军团"在逐步壮大，他的手下对这位指挥官充满了信任。

德军拯救在北非一败涂地的意军

第三章　血战托布鲁克

　　隆美尔再次显示了他的军事天分，命令机动部队朝埃及和利比亚边境开去，做出要把英军赶入埃及的样子。随后，他又命令第九十轻型装甲师继续向海岸城镇巴迪亚推进，同时命令装甲部队掉过头来，以破釜沉舟的勇气向托布鲁克突进。

◎ 十字军行动

经过 6 月份的反击作战，隆美尔的"非洲军团"人员和物资出现短缺，就算这样他仍然准备攻打托布鲁克。隆美尔选择了一些进攻点，将大炮瞄准要塞，不知疲倦地在沙漠里四处巡视，经常事先不跟下属打招呼就突然出现，以监视要塞的修建情况。

8 月 15 日，德军"非洲军团"正式成立。月末，德军第九十轻型装甲师抵达利比亚，同时第五轻型装甲师改为第二十一装甲师。这样，隆美尔麾下就拥有第十五、第二十一装甲师和第九十轻型装甲师等 3 个师。

针对北非越来越严峻的态势，英国首相兼国防大臣丘吉尔不得不从极其复杂的战争局势中冷静下来。他在《第二次世界大战回忆录》中写道："北非的惨败，我是有责任的。不该急于把部分兵力调往希腊，而应该乘胜扩大战果。因为这给希特勒钻了一个不小的空子……当然，韦维尔也是有责任的，他不是一个很称职的指挥员。"

韦维尔中东英军总司令的职务被克劳德·奥金莱克接替。奥金莱克时年57岁，绰号"海雀"，曾先后就读于桑赫斯特皇家军事学院和帝国国防学院，参加过阿富汗战争、缅甸战争和第一次世界大战，就任前为驻印度英军总司令。这个人意志坚定、精明过人、作战经验丰富，备受士兵们拥戴。在丘吉尔眼里，奥金莱克是最合适的人选，但他也有明显的短板，那就是盲目自信，缺乏沙漠作战的经验。

奥金莱克上任后，按照丘吉尔的指令，将西部沙漠部队扩编为第八集团军，由在东非肃清意军作战有功的艾伦·坎宁安中将任司令。集团军下辖第十三军和第三十军，分别是由戈德温·奥斯汀中将和诺里中将任军长。这样，整个北非的英军共拥有4个师3个旅，总兵力达13万人，装备有"马蒂尔达""瓦伦丁"等坦克710辆，其中200辆为步兵坦克。

面对大兵云集的英军，隆美尔针锋相对地调兵遣将、改编部队。他将第五轻型装甲师改为第二十一装甲师，并组建了一个"非洲师"，还把麾下的意军从3个师扩编为1个装甲师、5个步兵师。

11月17日，一场前所未有的大暴雨袭击了隆美尔占领的昔兰尼加地区。这场罕见的暴雨使干涸的河床上突然间发了洪水，冲毁了桥梁，淹没了装备，机场成了一片泥潭，飞机根本无法起降。侦察飞机只得暂停执行任务，所以英军在沙漠中新建立起的好几处供应站才未被德军侦察机发现。

历经4个多月的准备，英军发起了北非沙漠中最大的一次代号为"十字军行动"的攻势。"十字军行动"的战略目的是拖住并消灭德军装甲部队，解救围困于托布鲁克的守军，重新夺回整个昔兰尼加地区，并最终占领的黎波里。丘吉尔对这次攻势作战寄予厚望，他希望"十字军行动"成为与布莱尼姆和滑铁卢之战相媲美的战斗。

英军在北非和隆美尔的德意联军鏖战

为此，新上任的中东英军总司令奥金莱克做了如下部署：由艾伦·坎宁安中将指挥的第八集团军执行此次行动，作为主要的进攻部队，第三十军的装甲部队将穿过马达莱纳附近的埃及边界，然后呈大弧形向西北方向进军到一个叫加布沙的地方，迫使隆美尔的装甲兵作战；击败隆美尔的"非洲军团"后，第三十军继续推进到西迪雷泽周围的一片高地，与托布鲁克守军中的一支突围出来的部队会合；同时，位于第三十军北翼的第十三军步兵推进到索卢姆－西迪欧马防线。英军将全力战斗到最后一刻，直到第三十军歼灭那两支德国装甲师。

一个风雨交加的夜晚，汹涌的海浪撞击着礁岩，发出巨大的响声。一支英军突击队乘坐橡皮艇驶向海岸，他们的目标是打掉岸上的"非洲军团"指挥部，活捉隆美尔。突击队员们上岸后迅速调整好了队形，然后按照英国特工和阿拉伯人合作者提供的情报采取行动，直奔贝达里托利亚，冲进他们认为的隆美尔的指挥部。

这支英军突击队不仅搞错了方向，而且由于慌乱误伤了自己人。暗杀隆美尔的行动注定要失败，因为英军根本不知道隆美尔当时在开罗。突击队员们杀死 4 名德国人后，有的被打死，有的被抓获。当然，他们攻击昔兰尼加和亚波罗尼亚的目标也就跟着落空。突击队的刺杀行动没有动摇隆美尔的决心，他把英国人的刺杀看作一次孤立的事件，而不是一次大规模进攻前的序曲。

11 月 18 日中午，英国人蓄谋已久的"十字军行动"正式开始。皇家陆军第七装甲师在新任师长戈特中将的率领下，负责主攻。左翼第七装甲旅一马当先，沿托布鲁克向西迪拉杰特前进，穿过一条横跨沙漠的古老的贩运奴隶的小道，顺利地抵达目的地；右翼第四装甲旅正与德军外围机动侦察分队爆发了小规模的冲突；第二十二装甲旅从另一路快速穿插，傍晚时分开始休整，距目的地仅 20 公里。

英军的"十字军行动"由于行动隐蔽，计划周密，所以德意军队事先毫无察觉。虽然有消息报告说有一队坦克沿途驶来，隆美尔认为只是英军的小股侦察分队，是试探性行动，因此未加理睬，仍一心一意地在拜尔迪耶指挥部筹划对托布鲁克的进攻计划。

"将军，空军发现众多英军坦克在前线一带集结，侦察袭击不可能动用这么多兵力。这足以说明英军是在进行一次大规模的反攻，所以我们必须予以充分重视。"非洲装甲军新任军长克鲁威尔试图说服隆美尔。

"你说该怎么办？"隆美尔问克鲁威尔。

"我已和拜尔林参谋长商量过了，决定将腊芬斯坦的第二十一装甲师的1个坦克团派往加布尔萨拉。"

"不能这么做，这样会过早地向敌人暴露我们的真实目的。"隆美尔有些生气地说。

18日下午，克鲁威尔和他的高级指挥官们对侦察部队看到几股分散的英军的报告开始警觉起来。克鲁威尔命令第十五装甲师开进沙漠腹地，以应付英国人可能发生的袭击，然后于晚上10点钟赶到隆美尔设在甘布特的总部，向他汇报情况。隆美尔仍然认为，英军只是在试探，并嘲讽克鲁威尔："我们千万不能神经错乱。"

11月19日清晨，英军第七装甲师第二十二旅向比尔古比发起了猛烈的攻击。该旅是一支由义勇军骑兵联队改编的装甲部队，第一次参加沙漠作战，缺乏经验，但他们英勇强悍，求胜心切，发扬了骑兵冲锋时的作战特色，全速冲击意军阵地。无奈这种勇敢的精神缺乏灵活性和针对性，就像红了眼的赌徒一样容易让精明的对手看出破绽。结果第二十二装甲旅在意军强大的反坦克火炮打击下，伤亡惨重，4小时内便有半数以上坦克被毁，另有30多辆坦克因各种故障瘫痪在沙漠里。虽然有个别坦克侥幸躲过猛烈的炮火，单枪匹马地冲进了意军阵地，终因后续乏力，缺乏步兵协同而退出阵地。

第二十二装甲旅在付出惨重的代价后，缓慢地进至托布鲁克郊区。与此同时，第七装甲师第二装甲团和第七轻骑兵队袭了托布鲁克西南侧的西迪拉杰特，抢占了飞机场，焚烧了跑道上的飞机，并以机场为中心，四处扩大战果，对德军空中运输线造成了严重威胁。

有关英军第七装甲师活动的报告使德军非洲装甲军军长克鲁威尔相信，英国人确实在准备发动一次大规模的攻势。克鲁威尔在征得隆美尔同意后，从第二十一装甲师抽调出一支由 120 辆坦克、12 门野战炮和 4 门 88 毫米口径大炮组成的部队增援侦察部队。德国这支增援部队刚好与盖特豪斯的第四装甲大队迎头相撞。在这场双方坦克数量相同的猛烈战斗中，德国人大占上风，他们把英军 23 辆"斯图亚特"坦克打得动弹不得，而自己仅损失了几辆坦克。

◎ 一定要摧毁它

11 月 20 日，德英双方都想弄清楚对方的真正意图。克鲁威尔做出了自己的行动计划，他假设英军分成了三部分：一部在加布沙利，另一部在西迪雷泽，第三部是曾经把第三侦察分队一直追过卡普佐的那支部队。他决定放弃一系列小规模冲突的作战方式，而是集中所有装甲力量，全歼英军纵队。

第一次遭遇战在加布沙利打响了。坎宁安从监测器偷听到了克鲁威尔的计划，这样英军就有了充分的准备。隆美尔意识到面临的危险，决定把"非洲军团"集中在西迪雷泽。

20 日下午，德国的装甲部队打了英军一个措手不及。机场周围高地上的 88 毫米口径大炮和反坦克大炮重创英国第二十二装甲大队，迫使它撤退，79 辆坦克只剩下了 34 辆。第七装甲大队情况更糟糕，只剩下 10 辆坦克。同时，德军的第十五装甲师从对面的西边投入战斗。巧合的是，德军开往战场的道路要经过英国第四装甲大队的营地。黄昏时分，德军装甲师冲进了第四装甲大队的指挥部，俘虏了 267 人，缴获 50 辆坦克。

西迪雷泽坦克大战使德英双方均遭受了很大损失。遭到克鲁威尔部队最猛烈进攻的南非第五大队作为一支战斗力量已经不复存在，它损失了几乎所有的炮兵部队和反坦克大炮，224 名人员阵亡，379 名受伤，2791 名被俘。德国参战的 150 辆装甲车中，70 辆已失去了战斗力，机械化步兵师的大多数官兵阵亡或受伤。

这次坦克大战具有决定性的意义，但是战斗还远远没有结束。隆美尔认为威胁托布鲁克的大部分兵力已被摧毁，必须趁英军撤退之机最大程度地给予突然打击，并尽快进抵西迪欧马。

托布鲁克围城战

11 月 21 日夜，战斗渐渐地停了下来。双方像是约定好了一样，都在利用短暂的时间抓紧补充油料、弹药和给养。英军第七装甲师师长戈特面对上任伊始的战争惨败，陷入了深深的痛苦之中。这位被称为"扫荡者"的中将，素以勇猛著称，但是缺乏沙漠作战经验，对战争的复杂性认识不足，对作战部队缺乏统一的协调，致使部队处于兵力分散、被动挨打的局面。戈特经过反思后得出一个结论：要想赢得胜利，必须先发制人。

然而，正当英军厉兵秣马准备于天亮前出其不意发起攻击时，没想到德军抢先一步，其第十五装甲师趁着夜色迂回到英军第七装甲师背后，占据了西北侧的有利地形。

11月22日拂晓，德军第十五装甲师向英军第七装甲师发起攻击。第七装甲师师长戈特一夜冥思苦想的计划化为泡影。英军遭到了德军猛烈的炮火打击，只得后撤。这一天，正好是德国的"烈士星期日"，是德国人纪念在第一次世界大战中死难同胞的日子。昔日的耻辱唤起了他们无穷的力量。德国人如愿了，他们把这一天改成了英国人的"烈士星期日"，因为英军第七装甲师遭受了自沙漠开战以来最为惨重的失败。战后，隆美尔扬扬得意地说："那一天，我内心舒畅极了，因为我再次体会到了作为一名帝国军人的荣耀而不是过去的屈辱。当然，这得感谢英国人，是他们给我们送来这么好的一个礼物。"

11月24日，隆美尔亲自指挥第二十一装甲师进行了一次猛烈的追击，完全不顾英军对其侧翼的威胁。当天下午，隆美尔和第二十一装甲师就进抵埃及和利比亚的边境线一带，他身后的"非洲军团"在沙漠上拉开了长达60多公里的战线。隆美尔的大胆行动使英军第三十军陷入了一片混乱。

24日下午，坎宁安乘飞机视察了前线部队。在飞机沿前线铁丝网上空返回时，坎宁安漫不经心地向下看去，这一看惊出一身冷汗：隆美尔的部队正向第八集团军的水源及补给基地挺进。德军停在离基地24公里的地方，还不知道基地就在前面。那可是4个师所依赖的水源基地。司令部的人员几乎不相信坎宁安看到的这一切，他们在一起吵吵嚷嚷，议论纷纷。

24 日晚，隆美尔的车在边境线的埃及这一边出现了故障。隆美尔跳上克鲁威尔的装甲车，亲自驾驶，沿着铁丝网障碍物缓慢行进，试图寻找一条回撤路线。当隆美尔大胆冒险时，英军第八集团军司令坎宁安感到了绝望，因为他的主要装甲力量已被摧毁，隆美尔在后面紧追不放，他只能选择撤退。

11 月 25 日，中东英军总司令奥金莱克急忙飞抵位于马列达蒙娜堡的英军前线指挥部。在听取了冗长的例行战况汇报后，奥金莱克极其严肃而又慎重地说："先生们，你们必须清醒地认识到，导致我们战争失利的不是因为德军如何强大，如何坚不可摧，而是因为你们对德军同样惨重的损失视而不见，只顾一味撤退。不难看出，你们完全是败在你们自己手里。"

话虽不多，却让在场的军官们抬不起头来，坎宁安更是坐立不安。当奥金莱克宣布由陆军少将尼尔·里奇接替坎宁安的职务时，这位即将离去的第八集团军司令才慢慢地由不安、迷惑到震惊、失望，最终流下了两行浑浊的眼泪。坎宁安后来住进了医院，医生发现他患有严重的精神强迫症。

"非洲军团"席卷北非创造了战争的奇迹，造就了一代名将隆美尔的辉煌与荣耀，同时也造就了他的狂妄与急躁，他无法容忍托布鲁克横亘在他的后勤供应线上。隆美尔曾对他的部下说："对于我们每一个人来说，托布鲁克是英国人抵抗的象征，我们一定要彻底摧毁它！"横扫千军、屡战屡胜的感觉，使他已经不太在意托布鲁克完备的体系和守卫它的数万名英国士兵，他认为托布鲁克唾手可得。

在没有对英军的动向做充分地了解的情况下，隆美尔就仓促做出了直接向东推进的决定。尽管"非洲军团"的推进使英军出现了大溃退，但一些部队遭到了猛烈的攻击。"非洲军团"的将士们越来越疲惫，并且缺乏食品、水和燃料。当隆美尔带领"非洲军团"打回托布鲁克时，已经恢复元气的英国第七装甲师从南面开始进攻隆美尔的侧翼。然而，德军的第十五和第二十一装甲师就在附近位置稍偏的地区，他们准备进攻托布鲁克城外的新西兰军队。

11月29日，德军第二十一装甲师遭受一次沉重打击，新西兰军队俘虏了第二十一装甲师的师长约·冯·拉文斯坦将军，以及他随身携带的所有地图和文件。"非洲军团"无法继续向前推进更长的距离。当英国人的前线源源不断地得到增援的坦克时，隆美尔的后备力量却耗尽了。德国人看似打赢了这场战斗，然而付出的代价太大了。装甲部队被拖垮，一切很快明朗起来，只有一条路可走，那就是从昔兰尼加全面撤退。

然而，高傲的隆美尔怎么能接受这样的结局？

◎ 失败，隆美尔不屈服

12月3日，隆美尔命令"非洲军团"的几支分队向东边的巴迪亚要塞再次提供补给。他要把那里的英军和英联邦国家军队赶入他们的各个防守据点沿线的地区。然而，这几支分队的兵力实在太弱，根本没法通过英军的封锁线，结果很快又退回到西迪雷泽。

12月5日，英军第七十师攻下了关键的艾尔杜达－贝尔哈默德高地。同一天，意军最高指挥部一名乌克兰军官给隆美尔带来了更坏的消息，他的装甲部队在1月份之前无望获得增援力量。又经过两天的激烈战斗后，隆美尔终于决定从托布鲁克地区撤回到意军曾修筑的一道防线，该防线位于64公里以外的加扎拉南部。

随后的战况悲壮而惨烈，隆美尔无法面对失败，狂怒之下，他命令第二十一装甲师全部投入战斗，发起了一轮又一轮自杀式的攻击，但是在兵力强大的英军面前，一批又一批德国士兵倒下，进攻不得不停了下来。

12月7日，隆美尔决定带着仅存的60辆坦克向西撤退，在托布鲁克以西50公里的加扎拉建立起新的防线。该防线以加扎拉为中心，沿其西南方向延伸约64公里，是"非洲军团"预先修筑的一道撤退性防线。在防线前沿3公里范围内设置有反坦克壕，其中种植了密密麻麻的骆驼刺，并利用断断续续的垣壁，构筑了多道反坦克射击工事和暗堡。防线内修筑有几十座碉堡、弹药储存洞库和交织的壕沟，互相掩护，英军难以在短期内攻破。

12月13日，中东英军总司令奥金莱克亲自指挥部队向隆美尔的加扎拉防线发起了猛烈攻击，企图给"十字军行动"攻势画上圆满的句号。其战略意图是：以第三十军大部兵力从加扎拉正面实施突击，以第四装甲旅为快速穿插部队，迂回至德军纵深，切断其退路并协同主力部队对德军形成围攻态势，力求全歼。

英军及英联邦国家军队的正面进攻如期展开。英军第七装甲师与南非第一师并肩作战，直取加扎拉防线。面对英军纷至沓来的强大坦克纵队，隆美尔感到了从未有的压力，只能凭借坚固的防线拼死一战。面对德军坚固的防御工事，英军第七装甲师师长戈特不由得焦躁起来。他深知，自己上任以来的连连失利皆因指挥协同失误，他没有很好地发挥部队的整体作战能力，而是实行条块分割，各自为战，结果屡屡遭到德军的分割包围。痛定思痛的同时，他认真地研究制定了下一步的战法，这样就增强了部队对德作战的勇气和决心。

战斗打响后，英国皇家空军先期对德军阵地进行了空中火力突击。在航空兵的掩护下，英军第七装甲师推进至德军防线前沿，并迅速展开队形，第二十二装甲旅担任火力掩护和扫残任务。第七装甲旅先行协同扫残，开辟通路后向德军阵地发起攻击。一时间，双方炮声大作，一场突破与反突破的激烈战斗就此打响。德军的反坦克障碍在英军空中火力和地面火炮的准确打击下不断被摧毁，不可逾越的反坦克壕被炸开了几个缺口。

戈特急令第七装甲师发起冲击，由于被毁坦克的阻拦及通路数量有限，其坦克部队只能依次缓缓行进，没能实现大部队同时突入所形成的巨大震撼力。经多次反复冲击，虽有少数坦克突入阵地，大多数还是被阻于阵地前沿，难以前进一步。

与此同时，英军第四装甲旅奉命向德军后方实施穿插，准备断其退路，围点打援。没想到隆美尔早有准备，第四装甲旅尚未到达指定位置，他就已组织部分步兵先行撤退，并担任巡逻和先遣任务，以保证配有装甲车辆的部队安全撤退。第四装甲旅迅速插入德军队伍当中，将撤退的部队断为两截。德军队伍顿时大乱，一向精明过人的隆美尔叫苦不迭，他知道，一旦被英军围困，则有全军覆没的危险，于是决定主动放弃正面抵抗，组织部队迅速突围。

戈特边率部追击，边调整部署，命令第七装甲师展开三路队形，从3个方向一起向德军扑来。隆美尔率部边打边撤，不时反身一击。英军第二十二装甲旅在实施迂回追击中不幸遭到德军的反包围。苦战3天后，以损失70辆坦克的代价才杀出重围。

戈特对余威尚存的德军的追击格外谨慎，在德军队伍后面小心跟进，每至傍晚时分便四处设置警戒，安营歇息。就这样追追停停，于12月下旬终又打回班加西，大体上恢复了1941年年初的态势。

此次战役，隆美尔的10多万兵力仅存3.5万，30辆坦克和部分车辆大部分被俘，但伤亡的步兵为意大利士兵和德军后勤人员，德军主力未伤筋骨。

英军损失坦克 500 多辆、兵员 1.8 万，其中不乏受过严格训练的沙漠老兵。尽管如此，英军还是兴高采烈地打扫战场，据守班加西地区。身在伦敦的丘吉尔获悉消息后，大有感触地说："这确实值得庆贺，因为我们终于获得了一次喘息的机会。"

12 月 16 日，隆美尔在加扎拉与他的几位上司进行了一系列会谈。放弃昔兰尼加是对墨索里尼声誉的一次可怕打击，而撤退的命令像一道闪电击中了意大利人。巴斯蒂柯将军要求无论如何要撤销这一命令，但是隆美尔自作主张，他的部队边打边撤，一直持续到 1942 年 1 月初。这时候，隆美尔已到了布雷加港和艾尔阿吉拉，并且得到了新的部队、坦克和补给品。

在遥远的东边，8800 名德意驻军在巴迪亚失败了，接着又是拥有 6300 名部队的索卢姆驻军被打败，然而，战斗并没有结束。直到 1942 年 1 月 17 日，一直坚守哈尔法牙关的巴赫上校不得不选择投降，从而结束了长达 10 个月之久的托布鲁克争夺战。

进攻托布鲁克的失败，使得隆美尔深感兵力不足，人数众多的意大利军队除了每天消耗大量的本已紧张的供应物资外，几乎没有什么作为。无奈之下，他不得不电请德军最高统帅部大本营派兵增援。这个时候，希特勒和他的最高统帅部大本营正在全力以赴地实施进攻苏联的"巴巴罗萨"计划，大部分兵力要保证在东线，而此时的北非只不过是大本营战略家们饭桌上一盘鸡肋罢了。

◎ 隆美尔的新战法

面对德军最高统帅部大本营的拒绝增援，隆美尔只能调整部署，暂取守势。对于这只以进攻见长的"沙漠之狐"来说，防御无疑是痛苦的，但是在接下来对付英军进攻的作战行动中，他用出色的表现证明了"沙漠之狐"同样是个防御专家。

隆美尔此时已抵达哈尔法牙关以西547公里处的利比亚村庄艾尔阿吉拉，正是从这个地方，"非洲军团"在上一年的3月份发动了这次代价昂贵的战役。然而，隆美尔给他妻子露西的信中没有流露出任何的绝望之情，反而充满了无限的乐观："形势正在朝着有利于我们的方向发展。我已经想了很多计划，但是我对这里的情况不敢多说什么，他们会认为我疯了，其实只有我清楚自己没有疯，只不过是比他们看得远一点儿而已。"

的确如此，隆美尔的部队仍然有机会对围攻他们的英军反戈一击，这个机会只有隆美尔本人及他的几位高级参谋才看得到。特工人员窃听到了美国驻开罗军事参赞发给华盛顿的无线电报告，隆美尔从这些情报中得知，英军已经脆弱得不堪一击。穿越沙漠追击德军过分拉长了他们的供应线，而德国空军对班加西的狂轰滥炸使他们无法利用这个附近的港口。另外，日本于12月7日的参战迫使英国人把部分飞机、坦克和2个齐装满员的步兵师从北非调往马来西亚和其他受到威胁的亚洲殖民地。

与此同时，德军最高统帅部大本营给隆美尔的"非洲军团"注入了新的活力。在地中海海域的德国潜水艇已增加到20多艘，另外陆军元帅凯塞林的空军编队"空军2号"已把总部从苏联前线移到西西里岛，所能提供的保护力量明显加强了，因此坦克、部队和供给能够以不断增长的数目抵达的黎波里。

二战时期的德国潜水艇

1942年1月5日，停泊在的黎波里港的一支护卫舰队运来了54辆坦克，这对于在10个月的征战中损失90%装甲力量的隆美尔来说，可谓一笔梦寐以求的财富。当这些新的兵员和装备抵达艾尔阿吉拉时，隆美尔的情报官员告诉他，他现在比他身后的英军拥有暂时的优势。于是，隆美尔果断地决定趁英国人恢复优势之前于1月21日发动一次攻势，最好把英国人赶到埃及内陆。为此，隆美尔采取了最严密的安全措施，只是让他的几位重要部属知道，就连他的名义上的意大利上司和"大老板"希特勒都未曾告诉。隆美尔故意散布谣言，说他打算向西撤退，并通过大胆地把大批运送车队向后方转移来支持他这个骗人的谎言。

1月20日，隆美尔升任"非洲军团"司令。不久，他指挥"非洲军团"重新占领昔兰尼加，并由此晋升为上将。

20日晚，隆美尔让他的手下人用火把烧毁了沿海岸线的一些旧房子和附近布雷加港里废弃的船只。顷刻间，火光冲天，一副要撤退的样子。果然不出隆美尔所料，英国间谍看到了这一切，他们当晚就给开罗发送无线电信息，这使英国人进一步确信，隆美尔确实是在准备全线撤退。当英国人正在信心满满地等待着隆美尔撤退时，"沙漠之狐"却从希特勒那里获得了新的激励，要他大胆地对英国人采取行动。

次日凌晨，在发起进攻前3小时，隆美尔获悉希特勒给了他更大的指挥权。他指挥的兵力之前隶属于一个装甲集团，而今则是包括非洲的所有装甲部队。这一权限不仅包括原来的"非洲军团"，还包括3支意大利军队，都归隆美尔直接指挥。为了提高隆美尔的身份，希特勒特别授予他带剑的徽章，加在已经缀饰的那枚"铁十字"勋章的橡叶上。当天清晨，隆美尔对他的部下说:"对这一授予,我感到特别自豪,它属于我们大家,希望它能激励我们继续前进,最终打败敌人!"

21日8点30分,隆美尔下令两支纵队在空军俯冲式轰炸机的掩护下发起进攻。隆美尔亲自在前面开路,首先击散了挡在道路上的一支孤立的英军大队。次日清晨,德军抵达离艾尔阿吉拉97公里的阿格达比亚。随后,两支纵队离开公路,深入内地切断英军的逃路,朝东北方向疾行,再穿越茫茫沙漠到达安提拉特,并于当晚继续推进到桑奴,两天时间向前推进了160多公里。隆美尔扬扬得意地说:"我们的对手好像被马蜂蜇了一样,只顾奔走逃命。"

1月23日清晨,意军总参谋长乌果·卡瓦勒罗陆军元帅和德军凯塞林陆军元帅从罗马赶来与隆美尔商谈。卡瓦勒罗带着墨索里尼要求坚持防守的指示,对隆美尔说:"只需要突袭一下就行了,然后直接回来。"隆美尔反驳:"我打算继续坚持进攻,除了元首,无人能改变我的主意。"

卡瓦勒罗气得嘟哝着离开了。出于义愤,卡瓦勒罗暂时收回了他的两个意大利军,没想到隆美尔照样推行他的计划,决心要击溃撤退中的英国坦克。他十分清楚,英军第一装甲师没有什么经验,注定是不堪一击,他们是完全的替换部队,不像德国及时向北非的现有部队不断补充兵员,所以英军根本无法有效保证部队的作战能力。另外,隆美尔还有突然袭击的法宝:英国人把他的坦克实力低估了一半,而且认为他的反戈一击只是试探性的。不过,令隆美尔遗憾的是,在采取行动的当天,英军的大部分坦克已经撤走,他不禁慨叹道:"在沙漠里围歼武装部队是多么的困难!"尽管如此,隆美尔仍然很不服气。

隆美尔召集起反坦克部队，很快就在一处坑洼地带架好了 50 毫米口径的大炮。大炮吐着致命的火焰，同时 10 多辆装甲车朝着英军坦克隆隆地开去，英军坦克很快就撤走了。在继续推进的过程中，德军坦克和反坦克大炮交替行动，一方提供炮火保护，另一方则全速冲击，这是一种新的攻击方法。

　　傍晚时分，德军把英国第一装甲师的大部人马赶到阿格达比亚以东的一个危险地方。为了阻止该师向北撤退，隆美尔当晚在阿格达比亚－安提拉特－桑奴沿线设立了一道包围圈，以夹击英军的装甲部队。隆美尔的大胆突击正在演变成一次规模庞大的进攻。意大利最高指挥部本来对隆美尔这次行动的高度保密很是愤怒，现在则变成大为震惊。

◎ 沙漠夜行军

1 月 25 日，隆美尔的装甲部队重新开始追击，向北朝姆苏斯方向追去，他们多次追上行动迟缓的英国坦克编队，将其打得四处逃窜。隆美尔的装甲部队缺乏足够的燃料，无法穿越近 137 公里的开阔沙漠地带，所以只能选择重新攻下西北 113 公里外的班加西港，这样就可以与德军的运送舰队连接起来。

1 月 27 日晚，隆美尔派装甲部队佯攻梅智利。英军果然上当，他们把装甲力量集中在梅智利，班加西则无人防守。

1 月 29 日，隆美尔的军队开始进攻班加西。德军轻而易举地缴获了英军丢下的 1300 辆卡车，这些卡车让德国人在接下来的几个月里派上了用场。与此同时，隆美尔从希特勒那里收到一份及时命令，希特勒提升他为一级上将。隆美尔事前没有给柏林打招呼就发动了这次攻势，看来希特勒非但没有生气，反而对他的行动表示肯定。

随后，隆美尔的部队横扫昔兰尼加半岛。7 天以后，更是靠近了加扎拉，这离他的出发点有 400 多公里，而离托布鲁克只有 64 公里。隆美尔知道英国人已在加扎拉重新集结，并且正在掘壕坚守，于是命令部队停止前进，等待供给品和增援部队的到来。

此时，在隆美尔和托布鲁克之间矗立着一道坚固的防线。英国人利用前线战火暂停阶段修筑的这条防线从海岸边的加扎拉向南蜿蜒 64 公里，然后一个急转弯，朝东北方向又延伸了 32 公里。加扎拉防御工事布下了最为密集的地雷区，50 万枚地雷护卫着英国人称作"盒子"的一排排的据点。英军设计这些间隔距离没有规律的"盒子"是为了用作夏季攻势的跳板。一旦隆美尔先发起进攻，也可用作防御要塞。每处"盒子"相距大约 1.6 公里，周围有铁丝网，还布满了大炮。每处"盒子"可以容纳一个大队或更多的步兵，以及被围困时足够抵抗一个星期的补给品。支援这些"盒子"的是英军的机动后备军，坦克编队可以援救某一个被围困的据点，或者加入进来，穿过地雷区的安全缺口，冲出去发动反攻。

英军在加扎拉防线的人数和武器数量上占有明显优势，12500 名英国人面对 11300 名德国人和意大利人。另外，英军有 850 辆坦克，德意军只有 560 辆，其中 228 辆还是低劣的意大利型号。英军比轴心国部队多出 10 倍的装甲车，而且在大炮和飞机方面也保持着几乎三分之二的优势。

虽然"非洲军团"在人数和武器数量上处于下风，但隆美尔利用作战质量来帮助平衡数量上的不足。他的 88 毫米口径大炮的威力和他那几支作战凶悍的装甲师可以给英军规模虽大但连贯性较差的坦克部队予以沉重打击。他的战斗机能够绕着圈子飞过英国皇家空军的战斗机，而且在轰炸的准确度上，英国没有任何飞机能比得过德国的俯冲式轰炸机。除了这些有形武器方面外，还有笼罩在隆美尔身上的威严光环。很长一段时间，他一直是一位对部下能起到激励作用的灵魂人物。隆美尔和他的部下之间似乎存在着一种无法解释的默契。对此，丘吉尔曾说："我们遇到了一位有胆识、有才能的对手，他是灾难深重的战争岁月中一名伟大的将军。"

隆美尔的确非一般的将军可比，他的思考和行动总是让人出乎所料。英国人以为隆美尔会以常规的方式发动正面进攻，攻打障碍物不计其数的加扎拉防线。然而，隆美尔才不会让他的部队去攻打早已有所提防的据点，他只是佯作正面进攻。步兵一旦牵制住英国装甲兵，他会亲率坦克纵队和机械化师大胆快速地横扫英军的南翼。部队一旦插入加扎拉防线的后方，马上直奔海边，在英军反扑托布鲁克之前切断他们的退路，然后将其孤立起来，进而逐个吃掉。他对自己制订的计划充满信心，命令在发起攻势后的第三日攻打托布鲁克。

5月26日，隆美尔发动了代号为"威尼斯行动"的攻势。下午2时，隆美尔一次诱敌深入的行动在沿加扎拉防线北翼和中心地带的32公里的战线上开始了。德军的大炮在轰鸣，俯冲式轰炸机尖声叫着冲向由南非第一师和英国第五师据守的那些"盒子"。战斗工兵匍匐着前进，穿过地毯式的地雷区清除道路。他们的身后是4支意大利步兵师和德国第九十轻型装甲师的步枪和机枪组成的火力。

在背后远处，隆美尔部署了一次蔚为壮观的装甲兵阵容。其实，只有几辆坦克是真的，其他是逼真地放置在汽车上的假装甲车，安装在汽车尾部的飞机发动机搅起阵阵尘土，造成装甲纵队意欲冲来的假象。

英国军情局"超级机密"小组窃听破译了德军电报，英国人知道德军的一次进攻战即将开始，已做好充分的反击准备。他们以数量优势可以对付隆美尔的质量优势，不过仅从轴心国的步兵行动来看，还看不出这次大规模的进攻即将开始，而由于下午的一场沙暴，就更看不清隆美尔布置的装甲大阵容了。这使得英军指挥官们无法采取行动，把装甲车派上前去迎接假想中的正面进攻。同时，沙暴给隆美尔的主力进攻部队提供了很好的掩护，使之能够顺利地在加扎拉防线中心地带的对面成功集结。

26 日 22 时 30 分，隆美尔指挥他的庞大车队载着足够 4 天用的食品、水和军火开始了行动。交火前，隆美尔的纵队需要穿越没有道路的茫茫荒漠，战胜沙漠夜行军的各种危险。仅一个运动中的装甲师就要占地 4 平方公里，而 5 个师同时在黑夜中的沙漠行动需要非常复杂精细地协调配合。隐藏在油箱上的车灯可以帮点忙，天上的月光也可以帮点忙。远处，德国飞机扔下的照明弹可以勾画出加扎拉防线最南端的防御要塞贝尔哈凯姆。由于及时得到了警告，这几支鬼影般出现的德军纵队与这个要塞保持了一段安全距离。

◎ 世界上最强大的对手

　　5月27日天亮之前，在行进50多公里后，隆美尔的部队在贝尔哈凯姆的东南部暂停一个小时休整和补充燃料。隆美尔和他的指挥官们几乎不敢相信他们的好运，英国人没有做出明显的举动来应对针对其后方的大规模威胁。这使得隆美尔都不敢相信，自己的侧翼行动真的一直未被察觉？其实，南非的装甲部队一直在悄悄地跟踪隆美尔的部队，并且已通过无线电向英军第七装甲师总部做了报告。然而，这些报告对英军的指挥部没有产生多大影响，他们仍然以为是一次正面进攻，不愿承认只是佯攻。

　　天亮不久，隆美尔的纵队与暴露无遗的英军交上了火。德军乘坐卡车和装甲车一路轰轰隆隆地行进，很快向北急驰，攻占了英军第七装甲师的指挥部。德军抓获了第七装甲师师长弗兰克·梅塞尔韦少将，不过当时并未意识到这一点，因为梅塞尔韦摘掉了他的军衔和徽章，于当晚设法逃跑了。

　　上午10时，德军装甲师在贝尔哈凯姆和艾尔阿德姆之间的半路上遭遇英军第四装甲大队的大约 60 辆重型坦克。在德军运来 88 毫米口径的高射炮之前，英军的这些庞然大物发动了 3 次快速攻击。当德军的大炮向迎面冲来的英国坦克射出雨点般的炮弹时，德军装甲师咬住英军的侧翼，以协调得很不错的攻击方式摧毁了英军将近一半的兵力。英军的残余部队开始朝艾尔阿德姆方向撤退。在这里，英国空军报复性地轰炸了德军的第九十轻型装甲师。

在这次行动中，隆美尔偏爱走在部队最前面的做法取得了很大收获，可是这种直接带领部队穿插的做法给指挥带来了很大的麻烦。在频繁的突袭行动中，有时隆美尔会与流动指挥部失去联系，从而与他那些分散在四处的地面部队和空军失去联系，它们的调度派遣全都得靠他的指令。这导致前线指挥部的秩序异常混乱。如果说隆美尔喜欢亲临战场的指挥风格有时候让他的高级军官很不高兴，那么这种风格却鼓舞了部队的士兵，使他们能够很快感觉到前线变幻不定的局势并及时做出适当的反应。

此时，隆美尔的装甲部队本来呈一个巨大的弧形包围着加扎拉防线，而他现在确定，防止部队被击溃和分解英军的唯一办法是完成圆形包围。于是，他下令暂时放弃进攻托布鲁克，把分散的部队集中在加扎拉防线中部的后面，从东到西突破雷区，从而恢复供应渠道，最终以巧妙的一击切断英军的防线。

在贝尔哈凯姆以北大约 24 公里处，在一片碟形的洼地周围，英军的防守系统有一处宽大的缺口，这是隆美尔的部队最惊人的发现。在两边地雷已被清除的洼地中间，竟然蜷缩着一个英军据点。侦察机以前不知为什么没有发现，英军第一五〇大队的几千人在 80 辆"马蒂尔达"重型坦克的支持下驻守着这个据点。据点里的大炮直接瞄准轴心国部队的两条通道，任何东西要想运过通道几乎不可能。隆美尔义无反顾地要执行他的新计划，所以决心要摧毁这座据点。随后的几场战斗是在令人窒息的尘土和灼热中进行的，激烈的战斗使这一地区成了有名的"沸腾的大锅"。

5月31日早晨，"非洲军团"在对英军要塞形成包围后，隆美尔命令3个师的兵力发起攻击。炮队发射了一轮又一轮的炮弹，俯冲式轰炸机从空中呼啸而下，装甲车轰隆隆地开上前去，第一〇四步兵团的地雷工兵引领战友们穿过了最后一道地雷防线，进入英军据点。德军挥起一面白旗，对方马上举起手帕和围巾作为应答，炮火渐渐停下来。当天，有将近3000名英军投降，隆美尔通过加扎拉地雷区的生命线有了保障。"沸腾的大锅"牢牢控制在手里后，隆美尔决定挥师南下，攻打贝尔哈凯姆。

6月2日，贝尔哈凯姆这个位于摇摇欲坠的加扎拉防线南端的坚固据点再一次抵抗住了来自德军第九十轻型装甲师的大规模进攻。这个据点是英军整个防御工事中地雷埋得最为密集的地区，有1200个炮台供机枪和反坦克大炮使用。据点中3600名官兵中绝大多数都有一股抗击敌人的顽强斗志，他们的顽强让步兵指挥员出身的隆美尔感到吃惊。

隆美尔决定亲自指挥攻打贝尔哈凯姆，他分析在这种多雷地区，坦克发挥的作用很有限，于是决定把大批装甲力量留在"沸腾的大锅"，只带了一些步兵协同已于6月6日恢复战斗的第九十轻型装甲师作战。为了给步兵扫清一条道路，炮兵部队发射出雨点般的炮弹，空军出动部队的同时出动了几百架次飞机，顶着英国皇家空军的猛烈反击，轰炸贝尔哈凯姆。

三天三夜，德军炮击和轰炸几乎没有停过，但是防守的英军仍然在抵抗。直到6月10日，经过两周艰苦折磨的防守者终于筋疲力尽，没有水和弹药，加上遭到一支已渗透到他们北侧的攻击小分队的威胁，只好放弃战斗。然而，英军放弃的方式与他们英勇抵抗的精神是一致的。利用德军阵线西侧的一处缺口，大约有2700名英军将士趁着黑色撤了出来，最终与第七装甲师的卡车和救护车大队会师。其余500名幸存者，由于大多数伤势太重，无法逃离，被迫投降。隆美尔没有服从希特勒"将他们秘密处死"的命令，而是全部按战俘对待，他非常敬重这支顽强的队伍。

与隆美尔的"非洲军团"相比，英国第八集团军不论在人员数量、武器装备还是后勤供应方面都占有绝对优势，然而交战的结果却是英军屡战屡败。高傲的英国人面对失败，却能坦然接受，并且给予对手很高的评价。丘吉尔在下院对议员们说："第八集团军付出了努力，但他们确实遇到了世界上最强大的对手。抛开我们所遭受的战争灾难不说，隆美尔确实是一位军事天才。"

◎ 托布鲁克震惊两巨头

　　6月11日，隆美尔在命令中言简意赅："托布鲁克，一切为了托布鲁克！"为了全歼挡在他和托布鲁克港口之间的剩余障碍，他派遣那几支曾围攻贝尔哈凯姆的部队以扇形运动方式向英军在乃茨布里奇和艾尔阿德姆的据点发动进攻，同时第二十一装甲师和"阿里埃特"师从"沸腾的大锅"向东转移。作为回应，英军第八集团军司令里奇撤回了他的左翼。这样一来，被截短的加扎拉防线变成了一个"L"形状。

　　隆美尔和以往一样命令一部分部队虚张声势地向巴尔迪亚方向推进，做出一副要进攻埃及的样子，一路上，故意搞得尘土飞扬，黄沙漫天。等到英国人准备全力以赴迎击他对埃及的进攻时，隆美尔突然杀了个回马枪，大部队突然出现在了托布鲁克城下。德军装甲师疯狂包抄乃茨布里奇据点，使已经在那里顽强坚守了2个星期的驻军没有什么选择，只好趁还有机会逃走的时候于当晚撤离了那个据点。乃茨布里奇据点陷落后，里奇的新防线立刻就崩溃了。徒劳无益的坚守使里奇丢失了将近140辆坦克，只给他剩下了70辆，还不到隆美尔的坦克数量的一半。

6月14日，当英军第八集团军南部前线彻底崩溃时，司令官里奇命令撤走从一开始就坚守在防线北部的2个师。他的这一命令使英军纷纷逃往安全地带，这就是有名的"加扎拉大逃亡"。

6月16日，隆美尔的部队攻下了英军第八集团军损失惨重的防线上的最后一个据点——位于托布鲁克以南的艾尔阿德姆。次日，最后一批英国装甲部队在损失了32辆坦克后，跟随撤退的步兵越过边境进入埃及。

6月18日，隆美尔的"非洲军团"完成了对托布鲁克的三面包围。他说："对于我们每一个人来说，托布鲁克是英国人抵抗的象征，现在要靠我们彻底了结此事！"

隆美尔在1941年花了8个月的时间也未能攻克托布鲁克，如今这座要塞只是在表面上还类似往年。它周围仍然有一道长达48公里的保护屏障，由将近35000名官兵驻守。然而，沟壑任其淤塞，许多地雷移埋到加扎拉防线上去了。1941年，成功抵抗住"非洲军团"围攻的部队是一批英勇善战的澳大利亚人，而现在驻军的组成力量主要是未经过实战考验的南非第二师，以及在加扎拉大战中被拖垮的2个步兵大队和1个装甲大队。英国首相兼国防大臣丘吉尔对托布鲁克的守军下达了最后训令："不惜一切代价守住托布鲁克！"

隆美尔再次显示了他的军事天分，命令机动部队朝埃及和利比亚边境开去，做出要把英军赶入埃及的样子。随后，他又命令第九十轻型装甲师继续向海岸城镇巴迪亚推进，同时命令装甲部队掉过头来，以破釜沉舟的勇气向托布鲁克突进。德军于 19 日晚赶到托布鲁克东南部的战斗地点时，找到了上一次埋在那里的炮弹，一颗未丢，且完好无损。

6 月 20 日凌晨 5 点 20 分，隆美尔的"非洲军团"在排山倒海的大炮声和空袭声中拉开了进攻托布鲁克的序幕。分路到达指定位置的"非洲军团"装甲部队和意大利的第二十军团在德国海军的掩护下，对这座孤悬已久的濒海要塞发起了猛攻。

在经过激烈的炮火准备后，德军坦克和步兵展开了大规模协同作战。德军从北非、西西里、希腊和克里特岛集结了 150 多架轰炸机。一波又一波的空袭在托布鲁克东南部扔下了将近 400 吨炸弹，引发了地雷区连锁反应式的爆炸。轰炸一个小时后，步兵开始发起冲锋。

8 点 30 分，"非洲军团"第十五和第二十一装甲师的首批 125 辆坦克轰隆隆地开过了淤塞已久的防线沟壑。9 时，装甲部队冲进迷宫似的钢筋混凝土碉堡区，这使隆美尔难得一次这么早就宣告取得胜利，尽管战斗不过才刚刚开始。他叫来 1 名战地记者，为德国电台记录下这一宣告。他拖长声音说："今天，我们的部队取得了辉煌的胜利，攻占了托布鲁克！"

如此高傲，如此自信，舍隆美尔其谁！

在"非洲军团"突然打击下，惊慌失措的英国人根本组织不起有效的抵抗。夜幕降临，英军这座困守了近两年之久的海滨要塞宣告易手，要塞司令克洛普将军和他的 33000 多名下属高举双手向隆美尔递交了投降书，隆美尔和他的"非洲军团"完全控制了托布鲁克。

6 月 21 日 8 时，丘吉尔等人在严密的护送下进入美国白宫。他先用了 1 小时的时间阅读电报。早餐过后，丘吉尔来到罗斯福的书房。一封电报送到罗斯福手中。罗斯福把电报递给了丘吉尔。原来，托布鲁克沦陷了。丘吉尔让人打电话给伦敦询问实情。几分钟后，得到回复："托布鲁克已经陷落，亚历山大港可能遭到严重空袭。"

托布鲁克的沦陷对英国人来说，无疑是一场大灾难，丘吉尔认为这是奇耻大辱，称其为"粉碎性的和令人无法接受的重击"。罗斯福没有责备，也没有过多地安慰，更没说什么讥讽的话，只问了一句："我们能怎么帮助你呢？"

丘吉尔低沉地说："请支援我们尽量多的'谢尔曼'坦克，并尽快把它们运到埃及。"

罗斯福立即派人去请陆军参谋长马歇尔将军。几分钟后，马歇尔来了。罗斯福提出丘吉尔的请求，马歇尔回答说："'谢尔曼'坦克刚刚投产，第一批几百辆已经装备给我们的装甲部队。在此以前，他们装备的是落后的坦克。从军队手中要走武器，是很难的事情。不过，如果英国急需，我们一定想办法。"罗斯福和马歇尔信守诺言，将300辆"谢尔曼"坦克和100门自行火炮装上6艘美国最快的轮船，运到了苏伊士运河。

丘吉尔与罗斯福会谈结束后，立即回到英国。

托布鲁克沦陷得太快了，英军只来得及毁掉很少部分的供给品，留下了大量的燃料和2000辆各种不同类型的机动车。这些对于上个月损失掉几百辆坦克和无数其他运输工具的"非洲军团"来说，无疑是一笔不小的财富。除此之外，还有偶然得到的无以计价的众多物品：香烟、面粉、听装食品、在中立国葡萄牙购买的德国啤酒、崭新的卡其布制服以及隆美尔的部下非常羡慕的沙漠靴。隆美尔的情报官梅欣得意地写道："在这场我所见到的最壮观的攻击战中，我们的飞机俯冲着轰炸英国人的坚固防线，炮兵也不甘示弱地加入战斗，形成最猛烈的精心配合的强大火力网，使得英军据点上空烟尘滚滚，爆炸声不断。可见，大炮和轰炸机加在一起的威力是多么可怕。"

隆美尔望着硝烟笼罩下的托布鲁克城堡，微笑着对沮丧的英军被俘军官说："先生们，你们像狮子一样战斗，却被蠢驴们统率着，这只能说是你们的不幸。"

第四章　阿拉曼战云初起

　　在隆美尔的威逼下，德军向阿拉曼以东发起冲锋，英军的猛烈炮火从四面八方袭来。一颗炮弹在离隆美尔汽车 6 米远的地方爆炸，猛烈的气流将他掀出车外。他的随从在密集的炮火下，发疯似的挖坑。

◎ 这位总司令行吗

　　1942 年 6 月 22 日，希特勒晋升隆美尔上将为陆军元帅。这对于刚刚拿下托布鲁克要塞的隆美尔无疑是双喜临门，他终于登上了军人生涯的顶峰。隆美尔麾下的这支非洲装甲军团已久经战火，变得无坚不摧。那些原本不堪一击的意大利士兵也在战火中得到了锻炼，重新树立起信心。

　　与隆美尔相反，丘吉尔的日子却越来越不好过，失败的情绪再次笼罩英伦三岛。面对反对党议员们尖酸刻薄的质询，一向能言善辩的丘吉尔竟然无言以对。一位议员冷嘲热讽："丘吉尔先生在辩论中赢得了一次又一次胜利，在战场上却遭到了一次又一次失败。今天您在这里无言以对，是不是意味着明天的战场上将有所作为？"

　　隆美尔不想坐享其荣，以他好斗、倔强的个性怎能放弃目前良好的战机？他计划深入埃及腹地，再立战功，给崭新的元帅徽章增光添彩。隆美尔自信地对他的士兵们说："我们的目标是跨过美丽的尼罗河，占领整个埃及。"

听到这个消息后，英国上下一片恐慌。

隆美尔要想进攻埃及，首先需要说服他的上司们改变他们原来的计划。最高统帅部大本营原来的计划是在 4 月下旬制订的，要求非洲装甲部队在跨过边界进入埃及之前先停顿下来，这样德国空军可以从沙漠战斗中抽身出来，支持对马耳他岛的空中打击。德国在 4 月份的一系列空袭已使该岛就范，空袭一旦停止，驻扎在那里的英国空军和海军就会很快恢复元气。

从马耳他基地起飞的英国空军小分队又击沉了给隆美尔部队运载供给品的船只，使轴心国部队再一次感受到汽油和弹药的短缺。德军陆军元帅凯塞林在隆美尔的名义上司意军巴斯蒂柯元帅的支持下，敦促隆美尔停止追击英国第八集团军，命令德军按原计划攻占马耳他岛。

然而，隆美尔一心想抓住眼前难得的良机，坚持认为对马耳他岛的进攻应该往后拖一拖，这样德国空军就可以支持他占领埃及的计划。隆美尔争辩道："任何延误都会给英国人腾出时间恢复元气。"凯塞林同样坚持自己的主见，支持他的意大利指挥部和德国海军官员。争论进行得非常激烈，两位指挥官都不让步。最后，隆美尔派 1 名副官前去柏林寻求希特勒的支持，最终获得成功。

6 月 23 日，英军第八集团军在梅沙马特鲁附近构筑了一道新防线。中东英军总司令奥金莱克后来意识到驻守梅沙马特鲁附近的部队将面临被歼灭的危险，于是下令部队退守阿拉曼。从此，隆美尔的"非洲军团"与英军在阿拉曼地区展开了消耗战，奥金莱克不断向隆美尔发起进攻。后来，奥金莱克倾向于攻打意军，并取得了辉煌的战果，气得德国人大骂："该死的意大利人该尝尝皮鞭的滋味了，6 辆英军坦克竟消灭了意大利军队 1 个营。这些意大利人如此胆小，真是丢尽了罗马祖先的脸，我们为司令不得不和意大利部队合作而感到遗憾。"

隆美尔看到英军正在把意军一点一点地消灭，这样下去德军的力量将会变得更加单薄，最终无力抵御英军的进攻。奥金莱克以超前的战略部署和杰出的指挥使英军终于守住了防线。隆美尔的参谋官梅伦廷少校后来回忆："不可否认，当时我们已无力抵挡第八集团军的大规模进攻了。"正如梅伦廷所说，德军的装备、弹药和给养极度匮乏，部队减员严重，如果英军组织一次大规模进攻，沙漠战争就很可能提前结束。奥金莱克决定暂停进攻，整编军队，这无疑给德军一些时间来休整和补充兵员。德军的给养和新兵是从利比亚首都的黎波里穿越 1931 公里交通线运来的。德军和英军在静止不动的阿拉曼防线对峙，这种阵地战是隆美尔最不喜欢的，而装备优良的英军却擅长打阵地战。德国空军的斯图卡俯冲轰炸机再次轰炸了英军阵地，使德军终于恢复了进攻的士气。

6 月 23 日晚，隆美尔的"非洲军团"先头部队的坦克和卡车轰隆隆地开过边界进入埃及。隆美尔当晚给他的妻子露西写信："我们的行动已经开始了，希望很快实现下一个伟大的目标，现在的主要问题是速度。"

6 月 25 日，"非洲军团"先头部队抵达海滨城镇梅沙马特鲁。因推进速度太快，先头部队很快就用光了供应的物资，第二十一装甲师的坦克通过虹吸管抽干供应车的燃料才得以前进，却使供应车无法动弹。装甲部队最终不得不停下，遭受英国空军的狂轰滥炸。

黄昏时分，一架军用飞机在巴古什英国皇家空军的机场降落。中东英军总司令奥金莱克将军同他的新任副参谋长多尔曼·史密斯走下舷梯，上了一辆灰尘满身的黄色指挥车，向第八集团军司令部驶去。他要尽快见到第八集团军司令里奇，当前的局势比其他任何一位指挥官在二战中遇到的都令人绝望。

奥金莱克与里奇有着深厚的情谊，然而却要处罚他。他必须迅速做出决定，撤换里奇。解除一位集团军司令的职务，这已经是第二次了。他深知这种事情不能成为惯例，然而在他视察了第八集团军司令部后，就再也不能欺骗自己了。那是在托布鲁克失守的第二天，奥金莱克来到第八集团军司令部。令他感到震惊的是，面对灾难，里奇和他的司令部成员变得麻木不仁，失败的情绪在司令部四处弥漫。

在司令部办公室里，奥金莱克和里奇这两位大个子将军面面相视，里奇脸上仍然没有疲乏与紧张的迹象。

"里奇将军，我想告诉你，形势如此严重，只有我能承担这副担子，因此从现在起，由我兼任第八集团军司令一职。"奥金莱克郑重地宣布。

"好的，司令官阁下。"

里奇没有表现出不安的神情，也没有指责和不满，他冷静地接受了这个消息，并把所知道的局势做了一番介绍，尽管没有什么新东西。

里奇汇报完前线局势后，一个人走出司令部上了车，向开罗驶去。

"第十军军长霍姆斯前来报到，请将军指示。"霍姆斯满头大汗气喘吁吁地说道。

"情况怎么样？慢慢说。"奥金莱克示意霍姆斯坐下。

"情报显示，隆美尔的'非洲军团'肯定会在明天一早向我们发起攻击，我军官兵士气高昂，发誓要与敌人决一死战。"

司令部所有人员的目光转向奥金莱克，只见他一板一眼地说："是的，我们当然要在梅沙马特鲁同敌人交战，但不是死战，只是牵制。战斗结局难以预料，没有人知道会发生什么情况。最令我担心的是梅沙马特鲁的部队会被包围，所以我命令你，霍姆斯将军，任何情况下都不能被围困在梅沙马特鲁，里奇将军下达的死守梅沙马特鲁的命令从现在开始作废。如果战斗进展不顺利，第八集团军马上撤向阿拉曼。"

　　"是，将军。"霍姆斯自信地答道。

　　在座的众军官不禁为奥金莱克捏了一把汗，他们在沙漠中作战已久，知道退守阿拉曼防线继续战斗是需要多么大的勇气才能做出的决定。军官们交换了一下眼色，似乎在问："这位总司令行吗？"

◎ 时间比坦克重要

奥金莱克将军接下来的表现，似乎给他的部队增添了信心。他把英国和英联邦国家军队部署在一条战线上，这条战线从地中海边的梅沙马特鲁向西南方向延伸了32公里，一直到一个名叫西迪哈姆扎的悬崖边上。英军阵地在前面布置了成千上万颗地雷。

尽管隆美尔的"非洲军团"在人数和坦克上都有优势，但他依靠的仍然是他擅长的战术——速度、机动和突然袭击。不幸的是，正是这种快速意味着实力不济的德国空军无法在沙漠里快速建立起前沿基地，以提供有效的空中掩护。即便这样，隆美尔还是于6月26日下午发起了攻击。

德军第二十一装甲师和第九十轻型装甲师进攻英军防线的中部，他们惊奇地发现击中的正是英军防线的薄弱地带。奥金莱克以为德军会进攻两翼，并在那里形成包围圈，从而切断同盟国的军队。于是，奥金莱克把他的大多数兵力部署在两端防线上。在北边，他布置了印度第十军，由英国第五十师和印度第十师组成；在南边，也就是悬崖边，驻扎着第十三军的2个师，他的机动部队第一装甲师和安插在他后边的第二新西兰师、第七装甲师的2个大队协同防守；在这2个师之间大约16公里的地带，地雷较少，由分散的步兵和炮兵混合的据点把守着。

德军一路横扫挡在他们面前的小股分队，直插英军腹地。第九十轻型装甲师向北攻击海岸公路，第二十一装甲师向东南方向推进。

6月27日，隆美尔亲自率领第二十一装甲师从北边包抄第二新西兰师和英国第一装甲师，随后从后面发起攻击。与此同时，部署在南翼的第十五装甲师冲击英国第一装甲师的正面。只有23辆坦克和600人的第二十一装甲师却要攻打一支力量强大得多的敌军——仅英军的第一装甲师就有159辆坦克。如果这些坦克协助第二新西兰师发动进攻，那么德军第二十一装甲师将会全军覆没。

在激烈的短兵相接中，第二新西兰师突破了德军第二十一装甲师的防线，与向东撤退的英军第一装甲师会合。第二十一装甲师转向东北，向梅沙马特鲁东南64公里的一个村庄富卡进发。一支部队切断了海岸公路，攻击了该村庄西南部的高地。与此同时，在北边，德军第九十轻型装甲师抵达格罗拉附近的海岸公路，切断了英军右翼第十军的撤退路线，第九十轻型装甲师准备猛攻格罗拉城及其防守阵地，这里的大多数英军已被切断。

6月28日晚，英军经过疯狂混战，终于突围。有一次甚至冲进了隆美尔的流动指挥所，德军参谋部高级军官们急忙抓起冲锋枪扫射，英军步兵在帐篷之间乱成了一团，只顾逃命。

6月29日清晨，第九十轻型装甲师攻占了梅沙马特鲁城，这标志着隆美尔的"非洲军团"在两周内取得了第二次大捷。当时，所有没被抓获的英军士兵向东北方向仓皇逃窜。德国人抓获了近8000名俘虏，并缴获了大量的武器和供给品。隆美尔在给妻子的信中写道："梅沙巴特鲁战役也已取得了胜利，我们的先头部队离亚历山大只有200公里。我想，最糟糕的日子已经远远地被我们甩在了身后。"

持续几周的激烈战斗使隆美尔的"非洲军团"筋疲力尽。然而，隆美尔不允许他们有丝毫的懈怠和停歇，他坚信在英军获得部队和新的武器装备前，应该彻底将其击败。

就在"非洲军团"占领梅沙马特鲁的当天，隆美尔命令乔治·布里尔上尉带领的第六〇六高射炮分队组成一支战斗小组开赴亚历山大，一直抵达郊区才能停下。他告诉布里尔："等我明天赶到时，我们一起到开罗喝咖啡。"布里尔服从命令指挥部队向前推进，一路没有遭遇大的抵抗。

6月30日，布里尔指挥第六〇六高射炮分队推进到距离亚历山大80公里的地方，这里靠近一个名叫阿拉曼的小村庄。

英军不可计数的卡车和坦克在海岸公路上隆隆行进，扬起滚滚黄沙。车辆两旁，三三两两的士兵跟随前进，他们灰头土脸，衣衫不整，秩序还算井然，只是神情黯然。英军列兵古迪夫身旁的一辆指挥车上传来伦敦BBC的广播："我第八集团军已放弃梅沙马特鲁，正在向阿拉曼防线撤去。"

"嗨，中尉，听，我们撤退了。"古迪夫兴奋地拍了拍马斯中尉的肩膀，紧跑几步，竖起耳朵继续听，"该防线起自地中海，延伸64公里至卡塔腊洼地的盐碱滩，堪称沙漠马奇诺防线。在这种独一无二的沙漠地带，没有开阔的翼侧可代隆美尔迂回其装甲部队。'沙漠之狐'隆美尔必将在阿拉曼这个铜墙铁壁面前碰得头破血流……"

英国第八集团军向阿拉曼防线撤退的消息同时也传到了隆美尔的耳朵里。对此，他深信不疑，看来英国人打算在阿拉曼决一死战了。于是，隆美尔决定将进攻时间推迟 24 小时，以便部队能准备得更充分一些。他的这个决定同时也给中东英军总司令奥金莱克和他的部队赢得了一天宝贵的时间，这个时候对于奥金莱克来说时间比坦克更重要。

奥金莱克利用这点宝贵的时间，调来更多的部队，加强了阿拉曼的阵地防御。这道 64 公里长的防守线由一系列被英国人称为"盒子"的据点组成。这个错综复杂的地雷区由铁丝网紧紧包围着，还有钢筋水泥做的碉堡、防空洞和土木工事。这道防线从蔚蓝色的地中海向南延伸到一排嶙峋的山地，这里是卡塔拉谷地的边缘地带，在海平面 208 米以下，重型车辆根本无法通过。这使得阿拉曼防线不可能遭到侧翼包抄，隆美尔就算再怎么神奇也只能从中间穿过。为了万无一失，奥金莱克命令第十军军长霍姆斯到后方组织尼罗河三角洲的防御。

与此同时，隆美尔得知其他部队赶上布里尔的战斗小组后，准备用他在梅沙马特鲁取得成功的那套作战方案来组织一次新的攻势：第九十轻型装甲师在意大利第十三军的协助下，直插英军在阿拉曼以南的第三十军防线，随后转向北边切断海岸公路，封锁英军的撤退路线；在南边，德军和意军第二十军攻击由英军第十三军据守的防线中部，并扰乱它的后方；在德国侦察部队的帮助下，"利托里奥"师佯攻南边，以迷惑英军。

隆美尔将发起攻击的时间定在 7 月 1 日凌晨 3 时。

◎ 冲锋！阿拉曼

6月30日晚，奥金莱克电告伦敦，预计德军的主攻方向在阿拉曼与巴布尔卡塔腊之间地带，所以英军配置在中央靠右的地域以对付德国人的进攻。同时，他电令各部队："集团军司令预计今晚敌人没有进攻的话，必定会在明天早晨发动攻势，兹命令所有部队从今晚半夜起准备应战。"

7月1日凌晨3时，德军第九十轻型装甲师的士兵登上卡车组成的宽阔的队形，向阿拉曼发起进攻，目标直指英军防线的右翼。按照计划，他们突破这一地段后，向北直扑海岸，截断阿拉曼的英军。然而，一场沙漠风暴使他们迷失了方向。德军第九十轻型装甲师像没头的苍蝇一样闯入英军防御阵地，右翼南非旅的猛烈火力铺天盖地而来，打得德军抱头鼠窜，溃不成军。与此同时，德军第十五和第二十一装甲师在南边的德尔据点遭遇了未曾预料到的猛烈抵抗。经过残酷的战斗，毫无作战经验的第十八印度大队全军覆没。在战斗中，德军坦克遭到英国空军的重创，后来又遭到英军反坦克大炮的轰击，损失惨重。隆美尔不得不投入仅有的一点后备队，并亲自驱车上阵，重新组织进攻。

英军在阿拉曼战役中

在隆美尔的威逼下，德军向阿拉曼以东发起冲锋，英军的猛烈炮火从四面八方袭来。一颗炮弹在离隆美尔汽车 6 米远的地方爆炸，猛烈的气流将他掀出车外。他的随从在密集的炮火下，发疯似的挖坑。在以后的 3 小时里，隆美尔一直躲在坑里动弹不得，无法前进，也无法下达命令。接着，一场大雨倾盆而下，泥泞的道路使德军的车辆无法开动。无休无止的空袭随之而来。

在英国空军的打击下，隆美尔的"非洲军团"仅剩下 37 辆坦克，而第九十轻型装甲师只有正常兵力的六分之一。到了这个时候，隆美尔仍然命令这个师重新发动进攻。天亮前一小时，第九十轻型装甲师疲惫不堪的步兵在没有任何炮火掩护的情况下，开始了一次新的进攻，但仅仅前进了一小段距离就受阻于英军势不可当的炮火和机枪。隆美尔知道，部队已经失去了强劲的势头，但他仍然决定继续前进。

就在隆美尔命令他的疲惫之师继续发动进攻的时候，中东英军总司令兼第八集团军司令奥金莱克也下达了命令："必要时可以撤出阿拉曼。"他认为，目前这种情况下下达"不许撤退"的命令既残忍又愚蠢。毕竟，他除了是第八集团军司令外，还是中东英军的总司令，必须从全局考虑问题。第八集团军必须保留下来，为了赢得战争的胜利，波斯湾的石油比埃及更重要。部队部署停当后，奥金莱克在他紧靠前线的司令部里等待着隆美尔的进攻。

7月2日，英国议会大厦内像个混乱的菜市场。议员们三三两两地聚集在一起，窃窃私语。在后座席位上，保守党财政委员会主席沃德洛早早地就等在那里了。他对自己发起的这项不信任动议充满自信。在轮到他发言时，毫不客气地说：

女士们，先生们：

我首先要说的是，这项动议并非指向战场上我们英勇作战的官兵，而是明确指向我们的内阁。大家应该比我清楚，到目前为止，我们的军队遭到了一连串的失利和溃败。在北非，托布鲁克失守，政府却没有给我们做任何解释。我认为，托布鲁克失守的原因主要在我们的内阁，最严重的错误就是首相兼任了国防大臣。

我们必须选举一位有能力的专职人员担当参谋长委员会主席，我们需要的是一个有魄力而不受任何方面牵制的人来任命军队的将领。我们之所以屡次失败，从根本上讲是由于我们一向尊敬的首相缺乏对国内事务的细致审查，也由于缺乏从国防大臣或其他掌管军队的官员那里得到有用的建议……

　　沃德洛的话本来已得到了一些议员们的认同，但接下来他突然冒出这么一句："国王陛下如果同意，任命格洛斯特公爵殿下出任英军总司令，一定会得到大家的认同。"

　　平静的议会大厅里突然一片哗然，议员们最讨厌的就是把王室牵涉到引起严重争执的责任当中来，这是这个民主制国家所不能容忍的，他们再也不想听这位愚蠢的人讲下去了，沃德洛几乎是被喊声赶下台去的。

　　接下来，是一名工党议员发言，他的意思是说政府对军事指挥干涉太少，这与以"首相不适宜干涉军事指挥"为由提出的不信任动议大相径庭，互相矛盾，导致工党内部的议员之间互相指责起来。

　　这样的局面当然对丘吉尔是有利的，他有些紧张的脸上渐渐泛起了一丝笑意。

　　丘吉尔早在 6 月 21 日与罗斯福会晤时，便得知托布鲁克失守的消息。当他迫不及待地飞回英国时，他的私人秘书佩克告诉他："国内情况不容乐观，还是要把问题考虑得严重一些为好。"

　　丘吉尔神色凝重地对佩克说："保守党这边情况怎么样？"

　　"离您的选区不远的埃塞克斯选区的议席以前稳操在保守党议员马尔登手中，现在这位被正式提名的候选人已败下阵来，席位已落入左翼无党派候选人汤姆·德雷伯格手中。另外，保守党比较有势力的议员约翰·沃德洛提出一项动议，明确表示不信任最高统帅部有关战争的指挥。"

丘吉尔听佩克这么一说，气愤地说："不行的话，就让下院再举行一次信任投票。"

佩克平静地说："首相，您也知道，在托布鲁克失守前不久曾举行过一次信任投票，现在再要求下院投一次恐怕不太合适吧。"

丘吉尔轻轻地挥了挥手："好了，我知道托布鲁克失守肯定会引起他们对政府的不满，不过我会处理好的。"

丘吉尔早就料到会有今天的不信任动议。下议院经过两天的激烈争论，终于轮到丘吉尔答辩了。他沉着老练、胸有成竹，相信自己一定能够渡过难关。在这里，他再一次向世人展示了他那无与伦比的智慧和口才：

目前，我们正在为生存而战，为比生命本身更珍贵的事业而战，我们无权设想一定能够胜利，唯有恪尽职守，才能取得最终的胜利。严肃而有建设性的批评，或者在秘密会议中的批评，都是很好的，值得借鉴。然而，下议院的职责是支持政府或者更换政府，倘若下议院不能更换政府，那么就应该毫无保留地支持它。在战时，没有中间方案可选。

我是在座各位的公仆，你们有权解除我的职务。然而，你们没有权力要求我负起各种责任又不给我相应的权力，要求我担起首相的责任却如同那位尊敬的议员所说的那样"在各方面受到权威人士的钳制"。

我完全可以证明，在全世界，在美国，在苏联，在遥远的中国，在每一个遭受敌人践踏的国家，我们所有的朋友都在等待着，看看我们联合王国是否有一个坚强团结的政府，政府领导人是否会遭到反对。如果那些攻击我的人减少到微不足道，而他们对政府投的不信任票转变成对这一动议的制造者们的不信任票，毫无疑问，联合王国的每一个朋友和我们事业的每一个忠诚的公仆都会为之欢呼！

　　丘吉尔演讲完后，下议院举行了表决，沃德格的不信任动议没有通过。丘吉尔以自己的坦诚和威望赢得了议员们的信任。然而，只有他自己清楚，这样的结果是多么的来之不易。

　　当丘吉尔在伦敦为自己的职责苦斗时，隆美尔和奥金莱克在北非正陷入一场僵持的局面。在丘吉尔眼中，阿拉曼防线暂时守住并不能同加扎拉防线失守、托布鲁克沦陷相提并论。当议员们用锐利的目光、犀利的语言攻击着这位屡败屡战的首相兼国防大臣时，丘吉尔只能把全部责任推到奥金莱克将军身上。

　　同一天，隆美尔命令装甲部队重新发动进攻，目标是抢占鲁威萨特山梁，这是沙漠中耸起的一片长达3公里的高地，在德尔防线的东边。德军的2个装甲师在英军第一装甲大队的坦克和大炮西侧没有多大进展，甚至还遭到了反攻。不过，英军在反攻时又遭到德军88毫米口径大炮的打击。意军"阿里埃特"师试图在南边向前推进，受到阻止，结果变成了一场大溃退。

◎ 最耀眼的明星

7月3日，隆美尔在各地的进攻均遇到挫折。加扎拉之战以来，隆美尔的部队已持续作战5个星期，其间没有休整，没有补充，战斗力下降严重。英军开到阿拉曼之后补充了2个师，运达前线的坦克和大炮也越来越多，其抵抗非但没有垮下去，反而更加坚强。隆美尔无奈只得决定暂停进攻，战场的主动权落到英军手中。

当晚，中东英军总司令兼第八集团军司令奥金莱克给部队发去一封电报予以鼓励："从总司令到第八集团军全体将士干得好，这是令人愉快的一天，只要坚持下去，胜利一定是属于我们！"

德意军与英军展开了拉锯战，奥金莱克命令部队不断发动进攻，尤其是进攻意大利部队取得了很好的战果。英军的这些有限进攻给隆美尔带来极为严重的战术后果，使德军的装甲部队失去平衡，并把隆美尔计划进攻用的库存汽油和弹药耗尽了。

"俾斯麦将军，我不能让意大利这头蠢驴把我们的家当一点点耗尽，不能再等了。现在，我命令你于明日中午向英军防线发起进攻！"隆美尔把第二十一装甲师师长俾斯麦叫到办公室，指着墙上巨大的阿拉曼地图说，"你的任务是切断阿拉曼那个防御坚固的'盒子'，然后予以突破，进而将其全部摧毁。将军有什么问题吗？"

"我担心难以通过敌军大炮这一关。"俾斯麦小心翼翼地说。

"你放心，这就是我选定中午发动进攻的原因。这时沙漠上一切东西的轮廓都在强烈的阳光的照射下和高热中闪烁和融化，再好的炮手也无法瞄准目标。还有，我已同空军指挥官瓦尔道说好，在你发起进攻的同时，我们的轰炸机将对敌军的炮兵阵地进行猛烈轰炸，为你扫除障碍。"

7月13日，德军第二十一装甲师遵照隆美尔的命令开始行动。德军轰炸机一通狂轰滥炸将英军的炮兵彻底打垮，第二十一装甲师的坦克开始前进。突然，一阵古怪的旋风在灌木丛中旋转，转瞬间变成时速113公里的风暴，滚烫细小的黄沙铺天盖地地卷过沙漠，第二十一装甲师很快就被吞没了。

隆美尔来到前线，他想掌握战斗的整个进程，可惜他什么也看不见。直到下午5时，隆美尔才获悉装甲部队在卡萨巴以南的一个高地停止不前，同时空军也在等待下一步的指示。

下午6时30分，德军轰炸机第二次发起攻击，第二十一装甲师的坦克又开始向前推进。此后，战斗被分成了零碎的小块。晚上8时，隆美尔打电话给空军指挥官瓦尔道，情绪有些激动："装甲师将在轰炸机的出色掩护下直插敌军的防线。"然而，第二十一装甲师一个步兵营的战斗日记描述并非如隆美尔所说："我们正好在敌军的铁丝网前面，由于没有适当的工具，开辟道路的工作毫无进展，只有少数地雷工兵有钢丝钳，为我们清出了一条狭窄的小路。这时已近黄昏，战场只能靠摇动闪烁的火焰和苍白的月光照亮。随后，我们的坦克突然掉转方向，难道是弹药或者汽油用完了？我们什么都不清楚。"

13日夜，隆美尔难以入眠，两眼无神地望着前方。参谋长拜尔林推门而入，轻轻走到他的身边："元帅，二十一师来电，请求撤退。"说完，他把一份电文放在隆美尔面前。隆美尔无精打采地看了一眼。他的表情越来越严峻，沮丧地说："我对这次进攻抱有的所有希望都令人悲痛地破灭了，这个千载难逢的机会让他们错过了。"

这个时候，英军开始反攻。意大利的2个师很快就崩溃了。隆美尔在给妻子露西的信中将他的苦闷的心情展露无遗："敌人正在把意大利军队一个一个吃掉。这样一来，我军的力量会变得极为单薄，从而无法抵御敌人的进攻。为此，我真想痛痛快快地大哭一场。"

隆美尔对第一次阿拉曼防线的进攻的确失败了，他不得不承认这一点。同时，他也承认奥金莱克"对于兵力的运用颇有技巧，从战术水准上说，比里奇高明多了"。

当隆美尔得知英军放弃了防线南部的卡雷特拉布特据点时，果断下令第二十一装甲师和意军"利托里奥"师占领这一地区。让人想不到的是，英军突然撤出了这一重要地区，这无疑给了隆美尔一次难得的机会，可以直捣他认为已快崩溃的后方。然而，当英军的大炮开始向前线靠海的那一端轰击时，一切开始明朗起来。

奥金莱克已把主力转移到北边，希望先击败那里相对软弱的意大利军队。随后，澳大利亚第九师的老兵们从阿拉曼附近的掩体里冲了出来，向西发动攻击，战胜了意大利的"萨布拉塔"师，沿着海岸公路一直把这支部队追到特勒艾莎高地，并占领了该高地。疯狂逃命的意大利官兵乱作一团，跑进了前线后面几公里的德军指挥所。隆美尔的参谋官梅伦廷少校把这一情景描述为"最后的恐慌与溃退"。

澳大利亚第九师消灭了隆美尔最关键的情报部门——在监听同盟军通信信息方面一直表现卓越的信号窃听部。该部的指挥官和他的大多数部下阵亡，他们的密码本及其他装备也被毁掉了。

7月14日，隆美尔下令再次发起进攻，他的意图仍然没有变——穿过澳大利亚军队在特勒艾莎的突击部队，抵达海边。一阵猛烈的空中打击后，澳大利亚步兵在火炮的配合下再一次将德军打了回去。接下来的几天里，战场优势在同盟国军队和轴心国军队之间来回转换。后来，奥金莱克将注意力转向防线的中部，因为那里是战斗力不强的意大利军队。

这一招果然有效，隆美尔用炮轰才挡住了盟军咄咄逼人的攻势，他不得不把德军和意大利军队紧紧捆在一起，以增强抵抗力量。一直到7月底，双方战斗仍在进行，不过德军不再打算突破了，英军在空军的掩护下掌握了战场的主动权。

这时，隆美尔明白他们在打一场无法得胜的消耗战，其兵员和供给品快耗尽了。黄昏时分，隆美尔指示部队原地掘壕坚守，然后给南线总司令凯塞林元帅发电，说他已暂停进攻。

至此，始于5月26日的、原本胜利在望的这次进攻战不得不最后停了下来。

此时的奥金莱克成为英国最耀眼的明星，就连对手隆美尔都对他称赞有加。然而，正当奥金莱克率领第八集团军与隆美尔展开血战并获取胜利的时候，有一个人却对他大为不满，这个人就是英国首相兼国防大臣丘吉尔。丘吉尔尽管用一次次才华横溢的雄辩保住了他的位置，然而所遭受的讽刺和嘲笑无法让他平静，他太需要一场至关重要的胜利了，然而北非的将军似乎都无法完成这个任务。丘吉尔甚至产生了这样一种离奇的想法："如果隆美尔是联合王国的元帅该多好啊。"转念一想，这种假设太幼稚可笑了，就在刚才还有一位议员指责英军的失败在于内部存在着按部就班的思想："在这个国家里，每个人嘴边都挂着这样一句富有讽刺意义的话，'如果隆美尔在英军服役的话，他依旧是一名下士'。"

北非英雄奥金莱克显然不清楚伦敦的态势对他会产生多大影响，他完全是在按照自己的计划指挥部队作战。这次进攻的目标很明确，即不遗余力地摧毁隆美尔的装甲部队。

◎ 丘吉尔急需一场大胜

7月21日晚10时许，英国皇家空军猛烈的空袭开始了，同时地面炮火也毫不逊色，整个战斗规模比隆美尔想象的要大得多。新西兰旅从南面插向沙漠中央处的麦尔洼地。拂晓时分，德军"非洲军"军长瓦尔特·内林不慌不忙地观察着局势的进展，他自信地对部下说："我们一定要全歼这支新西兰部队。"内林在做好充分准备后，下令装甲团连续突进3小时，于22日凌晨4时15分正式发起反攻。

凌晨4时，德军已经在洼地周围待命，进攻时刻即将到来。这个时候，新西兰军队官兵显得很轻松，洼地上可以清晰地看到他们搭起的帐篷。4时15分，随着信号弹划破长空，高爆炸力炮弹和迫击炮炮弹雨点般落在新西兰军密集的队伍中。紧接着，德军装甲车隆隆驶过洼地的边缘，冲入新西兰军的阵地，直到此时英军的装甲部队还没有到达。可怜的新西兰步兵成了无辜的受害者，奥金莱克的这一次进攻使他的部队损失了1000多人和25门大炮。

黎明时分，第二阶段的战斗开始了。从英国新调来的第二十三装甲大队100多辆坦克奉命直插德意军阵地。然而，这支两星期前还在英国本土的部队有2个装甲团至今还从未参加过战斗。

7月22日7时30分，英军虽然突破了布雷区，坦克先头部队也冲到了德军的后方，险些攻破其步兵阵地，然而由于通信混乱，他们在前进中走错了方向，结果这些可怜的新来者误入雷区，遭到德军反坦克炮火的猛烈袭击。俾斯麦的第二十一装甲师趁机向英军发起猛烈的反攻，布鲁尔上校的第五装甲团向英军侧翼发动攻击，最终彻底解决了这支英军装甲大队。

德军的进攻战虽然失败了，却在防守战中取得了胜利：德军俘虏1400多名英军官兵，摧毁了100多辆英军坦克。

在这两场战斗中，德军中涌现出了一个叫哈尔姆的19岁士兵，他是一名炮兵观测手，操纵着一门俄制76.2毫米口径的反坦克大炮。由于炮手们无法在坚硬的岩石地上安置大炮，于是2名炮手不得不把大炮安置在炮架尾部以减轻大炮的后坐力。这时，一支英军坦克纵队呼啸着向他们扑来。2分钟内，哈尔姆便击毁了4辆"瓦伦丁"坦克，其余的坦克顿时停下来搜索毫无遮蔽的大炮，并向其猛烈开火。

"当时的情况非常危险，一颗炮弹在我的两腿前方爆炸，紧接着第二颗炮弹炸掉了装填手巴鲁克的双腿。勇敢的雷利立即接替了巴鲁克的位置，一直坚持到最后。"哈尔姆后来回想起当时的情况，不免心有余悸，"后来我们的大炮被打哑了，好在二十一装甲师及时赶来，不然我们肯定凶多吉少。"

英勇善战的哈尔姆非常荣幸地接受了隆美尔亲自给他佩戴的"骑士十字勋章"。隆美尔微笑着鼓励眼前年轻的士兵："非常感谢，勇敢的斗士，你知道吗,你是第一个获得这一荣耀的普通士兵。"

听了隆美尔的话,哈尔姆受宠若惊,激动地大声喊道:"谢谢元帅,我会继续勇敢战斗,伟大的德意志帝国万岁!"

接下来,隆美尔开始巡视战场,感谢他的士兵们并给他们颁发了各类奖章。他发现,他的部队虽然人数上处于劣势,但官兵的士气非常高昂,这使他对以后的战役越来越有信心。

7月26日,奥金莱克又试着发动了一次进攻,结果以凄惨的结局告终。澳大利亚军队虽然突破了德军的防线,但由于坦克的增援未能及时出现而不得不撤了回来。英军装甲部队指挥官不愿意出动坦克,他们认为步兵在雷区清除的缺口还不够充分。步兵孤军奋战,结果可想而知。隆美尔在给他的妻子的信中如是说:"要说我们已经越过最困难的阶段还为时过早,敌人在数量上远远超过我们。然而,就在两天前,我们在阵地前后击毁的146辆坦克对此做了根本的补偿,我们已经给予敌人沉重的打击,这一下敌人不会再如此放肆了。"

奥金莱克深知德军在7月份的拉锯战中损失也很惨重,已经无法承受更大的损失,但是同盟国军队接二连三的失败已经在这位英国将军的心里埋下了阴影。奥金莱克决心在没有做好充分准备前,不再发动进攻了。他在给伦敦的一份战报中指出:"我很不情愿地得出这样的结论:继续对德国装甲部队采取进攻在目前是不可行的。我们需要新的接受过良好训练的兵员以及足以给敌军致命打击的武器。目前看来,这些是远远不够的。"

当丘吉尔接到奥金莱克这份令人失望的报告时,本来就糟糕的心情一下子降到了冰点。面对北非前线的局势,他在唐宁街10号狭窄的办公室里来回踱步，激动地对接替迪尔的新任帝国总参谋长阿兰·布鲁克大声喊道："中东 75 万士兵都跑哪儿去了？奥金莱克为什么不继续作战？看来他是对中东作战区司令官的位置不太满意啊。"

布鲁克知道奥金莱克这么做肯定有他的原因，他为这个昔日的老友小心翼翼地辩解道："奥金莱克将军目前的处境非常艰难，这个时候任何一次草率的进攻都会使我们前功尽弃。与其这样，不如等一等，待增援部队到达后再做打算。"

丘吉尔根本没听进布鲁克的话："奥金莱克以为带领英军在阿拉曼暂时挡住隆美尔的进攻就是胜利吗？差得远呢！难道他没有忘记在加扎拉，在托布鲁克，我们是怎么样的惨败吗？可恶的隆美尔并没有走远，他就站在埃及的大门口，随时会对我们构成威胁。在如此紧要的关头，他却不可思议地停止了进攻！"

丘吉尔把刚刚吸了两口的雪茄狠狠地扔在地上。见此情形，布鲁克还能说什么，也不敢再说什么，心里暗想："奥金莱克将军，恐怕你的位置保不住了。"

8 月 5 日清晨，中东英军总司令兼第八集团军司令奥金莱克和他的参谋人员在第八集团军的机场迎接首相丘吉尔的到来。丘吉尔和奥金莱克站在一起很有喜感：丘吉尔身材矮胖，面色红润；奥金莱克身材高瘦，面容疲倦。当两双手亲切地握在一起时，任谁都会觉得这次会面充满了热情和真诚。

奥金莱克先是向首相介绍了一下他的军队和下一步的计划，接着丘吉尔便与他就其今后的计划进行了深入探讨。丘吉尔无法掩饰内心进攻的强烈欲望，他站在巨大的地图前，指指点点，说某某师在接下来的战斗中应该在某某位置才能更好地发挥其作用，在某某重要地点应该增派某某装甲部队增援。

奥金莱克始终默默地听着，在丘吉尔滔滔不绝地讲完后，他才说道："首相阁下，第八集团军经过长期奋战，现在急需补充兵员和物资，有些新换防的部队毫无沙漠作战的经验，他们需要必要的训练。在这些准备工作没有做好前，我们不能贸然发动进攻，那样只能是拿士兵的性命去冒险。"

丘吉尔马上问："什么时候才能准备好，给我一个具体时间。"

奥金莱克看出了丘吉尔的脸色不好，一想到眼前的形势，他直截了当地说："最早也要9月中旬，在此之前我拒绝任何行动，因为所有行动都是徒劳无益的！"

丘吉尔在第八集团军司令部吃了一顿很不愉快的早餐后，就带着总参谋长布鲁克离开了。

8月5日晚，北非作战的英国皇家空军部队盛情招待了前来视察工作的丘吉尔。晚宴后，丘吉尔亲切会见了第三十装甲军军长戈特中将。

"如果由你担任第八集团军的司令，你会怎么做？"丘吉尔试探性地问这位初步确定下来的人选。

"我不会像奥金莱克将军那样苦等战机，我会选择进攻！我军尽管已经疲惫不堪，但是我坚信，隆美尔的部队也好不到哪去，他们已经没什么可以抵抗的兵力了。"戈特信心十足地说。

丘吉尔微微一笑没有说话。

8月6日20时15分，丘吉尔做出了改组北非英军指挥机关的决定：将英军中东司令部划分为两个独立的司令部，即"近东司令部"和"中东司令部"；"近东司令部"设在开罗，专门指挥北非战场作战；解除在北非战场作战不力的中东英军总司令兼第八集团军司令奥金莱克的职务，任命第三十军军长戈特担任该集团军的司令；任命蒙哥马利担任第一集团军司令，准备参加北非的卡萨布兰卡登陆作战。

戈特以善于沙漠作战而著称，虽然没有雄才大略，但是为人正直善良，意志非常坚定，一旦看清要走的路，就会毫不动摇地走下去。丘吉尔任命戈特担任第八集团军司令，用他自己的话说："就是想发挥戈特临乱不惊、善挽狂澜于即倒的优点，稳定北非战场的局势。"

第五章　蒙哥马利临危受命

隆美尔的先头部队被死死地压在雷区，成为飞机轰炸的目标，而扫雷工兵在前面拼命为部队打开一条狭窄的通路。卡车、运兵车和坦克纷纷被炮弹击中，燃起熊熊大火，爆炸声、叫喊声和重机枪的嗒嗒声响成一片。

◎ 蒙哥马利与隆美尔

丘吉尔对北非战场军事指挥人员做了重大调整后，总算可以放心地走了。然而，当丘吉尔期待捷报频传时，没想到传来的却是一个不幸的消息。

8月7日，戈特乘坐一架运输机前往开罗上任第八集团军司令，途中遭遇德国战斗机，座机被击中，戈特帮助营救伤员时中弹身亡。当时，丘吉尔正在苏格兰第五十一师视察，噩耗传来十分震惊，他长叹一声："全部计划被打乱了，这是我最悲痛的时刻。"

丘吉尔再次陷入"选帅"的窘境，他深知第八集团军需要一位勇敢的具有冒险精神的指挥官来重树部队的信心。经总参谋长布鲁克将军推荐，丘吉尔当机立断，调第一集团军司令蒙哥马利中将出任第八集团军司令，而此时蒙哥马利出任第一集团司令官还不到24小时。如果在此之前的非洲战场隆美尔是当仁不让的唯一主角的话，那么另一位主角上场的时候到了。就是这么一个偶然的机会，将蒙哥马利推上了历史舞台，并将其打造成一代名将。

蒙哥马利

　　蒙哥马利，全名伯纳德·劳·蒙哥马利，1887年11月17日出生在伦敦郊区一个牧师家庭，后来毕业于伦敦圣保罗公学和桑德赫斯特皇家陆军军官学校。蒙哥马利早年在印度服役，参加过第一次世界大战。1920年1月，蒙哥马利进入坎伯利参谋学院学习，毕业后任旅参谋长，参加了英国－爱尔兰战争。1926年1月，蒙哥马利调坎伯利参谋学院任教官，1937年任旅长，1938年任师长，晋升少将。第二次世界大战爆发后，蒙哥马利赴法参战，1940年5月率部从敦刻尔克撤退，他和他的同僚遭到英国人和德国人的双重嘲笑。这使得一向骄傲、自负且野心勃勃的蒙哥马利愤怒异常，他渴望有朝一日再与德国人一较高低。1941年1月，蒙哥马利任军长，12月任英国本土东南军区司令。1942年8月，刚刚被任命为第一集团军司令不到24小时的蒙哥马利临危受命，改任第八集团军司令。这是蒙哥马利军旅生涯的转折点。此后，他率领第八集团军，在阿拉曼战役中打败了威震北非的德国名将、有"沙漠之狐"美誉的隆美尔，从而使自己一举成名。

蒙哥马利身材矮小但很健壮，长着一副鸟一般的相貌，高昂并带着鼻音的嗓音听起来刺耳又不友善。蒙哥马利和隆美尔在许多方面很相似：两人都很孤僻，在同僚中敌人多、朋友少；文化素质都不高，对待下属经常表现出超乎寻常的专横和傲慢；都怕太多的约束，如果情况紧急，都敢大胆犯上而不计后果；两人都是有独到见解的优秀指挥官，他们有足够的智慧和力量去调动官兵们的战斗积极性，并能最大限度地发挥他们的战斗力；两人的日常生活习惯也是惊人地相似，都不吸烟，不喝烈性酒，都喜欢在冬天运动，努力保持身体健康。

然而，两人的不同点也非常明显。隆美尔是个尚武的军人，而且能使他的战友、上司、对手甚至敌人都能为之倾倒。蒙哥马利有些不通人情，他命令士兵，无论在哪里，发现德国军人一律打死。隆美尔在对待战俘方面尽量不用残忍的手段，他甚至置希特勒"将他们赶尽杀绝"的指示于不顾，尽可能保全被俘者的性命。蒙哥马利在指挥方面有些古怪，而隆美尔是一个正统的指挥官，并以随机应变的眼光和深邃的洞察力而深受部下的称赞；隆美尔经常亲临前线，并在战斗中表现出战士般的无畏和勇敢；蒙哥马利无论如何也不会亲自率军上前线，也不会在面临防线被突破时亲自指挥反坦克炮瞄准目标射击，更不会在突袭中与先头部队的士兵一起冲锋；隆美尔完全依靠自己的才智，信不过别人；蒙哥马利却善于运用别人的智慧，依靠军事力量补偿计划中的缺陷。

在北非战场，蒙哥马利和隆美尔一样雄心勃勃，并且互相蔑视对方，然而内心深处，他们谁也不敢轻视对手，非常谨慎。

蒙哥马利被任命为第八集团军司令的当天，丘吉尔的内阁秘书处军事负责人伊斯梅来到蒙哥马利的办公室，按照丘吉尔的指示，他是来向蒙哥马利介绍近两年北非战况的。听了伊斯梅的详细介绍后，蒙哥马利不禁感慨万千，他谈到了一个军人一生所能遭遇的诸多考验和风险："一个人将战斗作为自己毕生的追求，无论遇到什么艰险都应始终坚定自己的信念，年纪轻轻就得到将军的殊荣，似乎胜利和成功永远都会光顾他。就这样，他能被迅速地提升，一次次机会让他声名远扬，几乎每一个人都在谈论他的魅力和品行。可是，命运之神又来捉弄他了，一次战斗失败就使他一生的成就毁于一旦，这难道真是他的过失吗？不一定，然而，他却一定会被写进一系列军事失败的历史书，真是世事难料啊！"

伊斯梅没想到蒙哥马利还是个多愁善感的人，于是便给了他一些鼓励的话："不要这样，还没上阵就说这些不吉利的话。你是英勇善战的将军，首相对你非常器重，也不要把北非的情况看得过于不堪，那里有一支优秀的军队，如果加以调教，必定所向披靡！"

蒙哥马利惊奇地看着伊斯梅："将军，你可能没理解我的意思，我说的是隆美尔啊！"

对隆美尔的评价，蒙哥马利显然是在明褒暗贬，不过从中也多少透露出一丝醋意，是隆美尔在敌我双方如日中天的威名勾起了这位好斗的英国人的嫉妒心。

◎ 可怕的陷阱

　　8月12日清晨，蒙哥马利走马上任第八集团军司令。他在开罗机场走下飞机的时候，第八集团军的司令部工作人员正在焚烧档案，以备撤退，而亚历山大港的英国军舰这个时候已经离开了。

　　8月13日，天刚蒙蒙亮，蒙哥马利就离开了开罗，驱车前往第八集团军司令部。集团军参谋长德·甘冈在等候这位新司令的到来。寒暄过后，甘冈取出整理的一份材料，准备向蒙哥马利介绍战况。

　　"我的老朋友，难道你忘了，在有关人员向我报告前，我是从来不看任何文件的。收起你的材料，随便说说就行。"蒙哥马利有点不近人情地说。

　　甘冈尴尬一笑："将军还是老样子！"

　　甘冈和蒙哥马利详细谈论了作战形势、最新敌情、各个战区指挥官的情况以及他自己对这一切的看法。甘冈头脑灵活，观点清楚。蒙哥马利一边听着一边暗自打量着这位难得的人才，等甘冈说完后，他问了一句："官兵士气怎么样？"

"说实话，不太好，部队现在最需要的是有魄力、敢担当的领导人。"

蒙哥马利听甘冈这么一说，不由自主地点了点头，对于目前的情况，他早已料到了。蒙哥马利有一个非常坚定的信念：如果要让士兵们发挥最大的力量，就必须使他们绝对信任他们的指挥官。一个指挥官的成败取决于他的魄力，也就是让他的下属心服口服的能力。他认为，士兵们想知道的是指挥他们的军官是否值得信赖，因为他们的生命掌握在这个人的手里。

蒙哥马利到任后，立即宣布取消所有准备撤退的命令。眼下，他急需解决 4 件事：（1）树立自己的权威，恢复集团军官兵的信心；（2）审查指挥机构，砍掉普遍存在的"朽木"；（3）建立与他性格和作战理论相适应的指挥系统；（4）找到对付隆美尔的有效办法。按理来说，对付隆美尔才是最重要的事情，却排在了最后，这充分显示了蒙哥马利的才能。因为前三个问题才是英军屡战屡败的症结，症结解决了，才能很好地对付隆美尔。

蒙哥马利上任后做的第一件事就是在第八集团军中树立起自己的权威，恢复全军对高级军官的信任，同时让士兵树立必胜的信念。

8 月 13 日 18 时 30 分，蒙哥马利巡视完战场后，向第八集团军的全体参谋人员发表了第一次讲话：

我非常想同大家见面谈谈。正如你们所知道的，我已经发布了一系列命令，并且还要继续发布命令。"决不撤退"的命令意味着今后作战方针的根本转变。大家一定明白我的方针，因为你们处理的具体的参谋工作……保卫埃及城市一定要通过阿拉曼战役来最终实现……我要把我们松散的装甲部队打造成一个强大的第十装甲军，用它来实施机动作战。分散作战的方针必须取消，今后将以师为单位进行整体作战……最后，我宣布德·甘冈为第八集团军参谋长，他发出的命令与我发出的命令有同等效力，你们要立即执行，并授权他领导整个作战司令部。

蒙哥马利慷慨激昂的演说在集团军中引起了强烈反响，对安定军心、鼓舞士气、树立必胜信念起了积极的作用。接下来，蒙哥马利开始处理他所说的那些"朽木"，通过仔细审查指挥机构，毫不留情地砍掉了那些他认为普遍存在的令人无所适从的中间环节，建立了一个与他的性格和作战理论相适应的指挥系统。他果断公正地撤换了一些人，补充了一些他认为有能力的人。做这些事情的时候，蒙哥马利不徇私情甚至有些冷酷无情。实践证明，他这些超出常人的决策是完全正确的。

在蒙哥马利看来，作战计划慎而又慎，遇险及时化夷，胜利时注意节制，是一个指挥员的指挥要旨。他说："在军事行动方面，司令官必须对设想的战役制订一个总体计划，必须预先考虑和计划两次战役——准备打的一仗和接下来要打的仗。前一仗的成功，作为后一仗的跳板。这就要求把战略需要、战术可能和兵力三者联系起来，抓住战略枢纽部署战役，抓住战役枢纽部署战斗。攻击前，往往决定了战争态势的发展。"

蒙哥马利特别注重战前准备工作，他说："忍受痛苦和审慎准备的无穷能力是成为杰出高级指挥员的必要条件。"不论大仗还是小仗，部队训练、物资储备、欺骗伪装及气候变化等条件，哪一方面考虑不充分，他都不会贸然出击。

蒙哥马利还改革了第八集团军的司令部，将司令部分为小型作战司令部和主司令部。小型作战司令部设在离主司令部很远的前沿地域，它是参谋长德·甘冈的主要活动场所，所有详细的计划和行政管理工作都在这里进行。蒙哥马利在主司令部只保留极少量的参谋、通信、机要人员和联络官。这种做法不仅使蒙哥马利摆脱了繁忙的司令部工作，更重要的是他能与实际指挥战斗的将军们保持密切的接触。每当蒙哥马利向部下发布命令时，他总是要给更下一级司令部打电话，以检查对他命令执行的情况。

　　接下来，蒙哥马利就是全心全意对付他的强劲对手隆美尔了。对于蒙哥马利来说，正确判明隆美尔的下一步行动是赢得下属们尊敬的关键一环，他断定：隆美尔将在不久发动一场进攻。虽然隆美尔的空中掩护随着大批飞机被调到东线而不复存在，油料和弹药也消耗殆尽，但是隆美尔逃不过一个铁的事实，那就是希特勒决不允许他后撤。刚愎自用的希特勒已经将“非洲军团”在北非的存在与苏联方向上的德军南下的战略联系了起来。为了实现希特勒的这一“伟大”的目标，隆美尔除了进攻，别无选择。

　　为了对付隆美尔即将发起的进攻，蒙哥马利向近东司令部申请了1000门威力强大的远射程大炮，并构筑了科学严密且伪装良好的炮兵阵地。蒙哥马利具体兵力部署是这样的：以骁勇善战的新西兰师的南翼为基础在箱形阵地与著名的哈勒法山之间的缺口内部署了精锐的第二十二装甲旅；新到达的第四十四师两个旅配置在陡峭的哈勒法山脊；第二十三装甲旅配置于第二十二旅的后面，作为一支强大的预备队使用。

　　蒙哥马利为隆美尔精心设下一个可怕的陷阱，不论隆美尔采取什么样的方式进攻，这样的部署都能够将他的部队堵住。

◎ 病的不是时候

8月中旬，隆美尔向德军最高统帅部大本营报告："我的装甲部队缺少50%，反坦克大炮缺少40%，炮弹缺少30%，战斗人员缺员16000人。"隆美尔一再求援大本营，希特勒无动于衷，东线的失利早已让这位雄心万丈的元首焦头烂额了。希特勒一向视北非战场为次要战场，他认为隆美尔能坚持多久就多久吧。再说，之前隆美尔也面临过同样的窘境，不还是凭借他非凡的军事才能渡过了难关？

整个8月份，隆美尔的部队保持原地待命。灼人的高温和接近尼罗河三角洲的不利处境，不仅使装甲部队的士兵付出了高昂的代价，就连隆美尔也病倒了。对于意志如钢的隆美尔来说，这是第一次。月初，他就感到不舒服，支撑到月中还是病倒了。其实，在五十几岁的军官中，隆美尔是唯一坚持了这么久的一个。

8月19日，隆美尔的参谋留意到司令官总是头痛感冒，并且坚持忍受喉咙剧痛的折磨。参谋们认为隆美尔得了流感，当他们跑去找来隆美尔的私人医生霍尔斯特教授后，他们发现自己的长官只能躺在床上了。

霍尔斯特的诊断报告很快就出来了："隆美尔元帅正忍受着低血压的痛苦，而且有昏眩的趋势，这种情况是由于长期的胃病和肠功能紊乱造成的，加上最近几个星期体力和脑力的过度透支，尤其是不利的天气影响，使得病情越来越重。就目前这种情况来看，如果隆美尔的负担进一步增加，想要完全康复是绝对不可能的。康复的唯一希望是回国休养一段时间，配合适当的医药和护理。"

霍尔斯特教授最后说："在北非的暂时治疗看来还是可行的，不过元帅不能再从事繁重的工作了，他现在的任务是好好休息。"

隆美尔心里比谁都清楚，到了9月份，对手将变得非常强大，到时要想将其击败就更难了。鉴于此，必须在9月之前发起进攻，由于夜间行动更具隐蔽性，这就需要一个月圆的夜晚，最终决定8月底是最合适的时机。这一时机如果抓不住，轴心国军队注定将兵败北非。隆美尔还要考虑供应短缺的问题，燃油不足，火炮力量远远不如英军，这就决定了正面突击是不可能的。要想战胜对手，只能对英军实施包围或者迂回，从南端突破，因为那里是英军防线最薄弱的环节，否则就根本没有胜利的希望。

隆美尔将上述必须解决的问题向他的私人医生和盘托出。

"元帅，现在离8月底还有一段时间，你可以先让别的将军暂时替你一下，这段时间的休息是为了决战时候更好地指挥作战。"私人医生霍尔斯特教授想尽力说服隆美尔。

"好吧，你的建议我可以考虑一下。"面对教授的好意，隆美尔只能这么说了。

8 月 21 日，隆美尔把诊断结果电告最高统帅部大本营，并推荐古德里安来暂时接替他的职务，他相信通过这段时间的休息定能精力充沛地投入到 8 月底的攻势中，到时阿拉曼防线必将一举攻破。

当隆美尔返回自己的活动房间的时候，最高统帅部大本营参谋长凯特尔的电报已经放在了他的案头。凯特尔在电文中说："古德里安将军不能接替你的职务，他的健康状况不适应北非的热带气候。"

"健康状况？怎么可能？肯定是这位老兄又把元首给得罪了。"隆美尔对他的老朋友古德里安还是非常了解的。

8 月 24 日，隆美尔的病情开始好转，在私人医生霍尔斯特教授的陪同下，乘车去梅沙马特鲁做了一次心电图检查，结果还算令人满意。根据霍尔斯特的建议，在即将发起的进攻中他可以继续指挥"非洲军团"作战，但是必须配合适当的药物治疗。一旦战斗结束，他要即刻返回国内治疗，这段时间希特勒也好考虑一下接替他的人选。

隆美尔再一次巡视了整个战线。然而，就在他准备向正在集结的英军发动进攻的时候，病情又加重了。虽然病情加重，但隆美尔被胜利在望和可以回国的希望鼓舞着。他在当天的日记中写道："用不了多长时间，也许 9 月中旬就可以回柏林了，到那时就可以与久别的露西和我的小儿子曼弗雷德在一起至少度过 6 个礼拜。一家人可以去奥地利的山区度度假，那里的水清澈透明，我可以好好地洗上一个澡了。不用整天担心敌人的大炮，让那该死的声音远远地离开我们吧！"

此时，蒙哥马利的第八集团军兵强马壮，而隆美尔的"非洲军团"根本不能与之相比。隆美尔的部队中有 1 万多名士兵失去了战斗力，病员的数量达到了到非洲以来的最高峰——9000 多名官兵患上了不同的流行病。尽管如此，隆美尔还是决定将发起进攻的时间定在 8 月 30 日。

按照隆美尔的计划，"非洲军团"将投入 200 多辆坦克，其中包括 100 辆经过精心改装的高速坦克。蒙哥马利则准备了 760 辆坦克，并且还拥有 120 辆可以发射 63 磅炮弹的新型反坦克炮。从双方实力对比上可以看出，蒙哥马利占有绝对优势。

然而，在隆美尔看来，兵力上的劣势从来不是获胜的主要障碍，因为在此之前，他曾多次取得"以少胜多"的胜利。此时，他最担心的是战备物资，特别是燃料的供应问题能否得到及时有效的解决，因为他那 2 个身经百战的装甲师的燃油，仅够正常条件下行驶 160 公里。

8 月 27 日清晨，隆美尔的司令部突然传来一阵熟悉的斯托奇飞机的轰鸣声。当隆美尔快步冲出门去的时候，发现南线总司令凯塞林元帅正昂首阔步地走下舷梯。

隆美尔一见凯塞林就恼火，在他眼里凯塞林跟意大利的那些军官没什么区别，是个说话不算数的家伙。凯塞林曾多次答应过要帮助"非洲军团"解决燃眉之急，可他在柏林和北非之间跑了好多趟，却连一点儿燃料的影子还没看见，不知道这位陆军元帅整天在忙什么。

"元帅阁下，现在'非洲军团'急需燃料和弹药，如果在进攻日前还解决不了，我们将无法执行原来的计划。"隆美尔着急地说。

"意大利统帅部的卡瓦莱罗元帅不是说要给你们解决一部分吗？"凯塞林心平气和地看着隆美尔。

"是的，他经常来视察，每次来都一口允诺要帮助'非洲军团'改善一些条件，可是下次再来的时候只会哈哈大笑地说，因为他所许的诺言实在是太多了，根本无法兑现。这个可恶的家伙，打仗的时候就知道往后退，糊弄自己人却是行家里手。"

隆美尔气得几乎想把许久以来的火一下子倾泻而出，其实他的这些话也有指桑骂槐的意思，最后他坚定地说："进攻日取决于运送燃料的船只能否按规定日期到达，我的最后期限是 30 日，希望元帅对这次进攻加以重视。"

"好啦，好啦！"凯塞林拍着隆美尔的肩头，安慰道，"如果你们所有的努力都失败了，我就给你们空投 700 吨汽油。"

◎ 神秘的布莱奇雷庄园

8 月 28 日清晨，隆美尔仍然没有做出最后的决定。8 时 30 分，他把指挥装甲师的全体将军集中到司令部，再一次重复了他的计划并提醒这些将军："虽然最后期限是 30 日，但一切还要取决于燃料的供应情况，凯塞林元帅答应给我们空投 700 吨汽油，但这无法从根本上解决问题，我们现在一点储备也没有了。此次战役后，我们究竟能走多远，燃料和弹药是决定因素。"

8 月 29 日清晨，霍尔斯特教授看到隆美尔脸色很不好，于是关切地问："元帅，您感觉怎么样？这几天按时吃药了吗？"

"没什么，这几天事情太多，没睡好，有点头晕。教授，你知道吗，今夜发起的进攻是我有生以来最难做出的决定。这次进攻的结果只有两种可能，要么我们成功到达苏伊士运河，要么我们就……"说着，他做了一个失败的手势。

霍尔斯特感到有些奇怪，元帅是怎么了，怎么突然变得犹豫不决了，并且言语中透着一种发自内心的恐慌，同过去那个趾高气扬的"沙漠之狐"简直判若两人。

随意吃了点早餐，隆美尔开始给他的爱妻露西写信，信很长，摘要如下："这一天终于到来了。为了今天的到来，我已经等待了太久，一直在担心是否能得到再次发起进攻所需要的一切。很多事情还没有处理好……我们存在着很多不足的地方。就算这样，我仍然要冒险一试，因为要等到万事俱备，需要很长时间……我们如果此次战役获得胜利，对于赢得这场战争会有很大的帮助，就算我们的进攻没有成功，至少能给敌人一个沉重的打击……亲爱的，在远方为我祝福吧。"

隆美尔尽管对即将开始的进攻没有什么把握，但是在士兵面前，他却始终保持着一往无前的英雄形象。临行前，隆美尔对官兵们做了一番庄严而又豪迈的动员："今天，我们的大军再一次向敌人发起攻击，我们一定要消灭他们。这一刻，永远难忘，我希望每位士兵在这个决定性的日子里，奋勇向前，勇猛冲杀。意大利万岁！伟大的德意志帝国万岁！伟大的元首万岁！"

隆美尔慷慨激昂的话音刚落，他的副官就将刚刚收到的电报递了上来，电文清清楚楚地写着："今晨，6艘运输船中的4艘被英舰击沉，燃料和弹药全部沉入海底。"

看到电文的隆美尔像刚刚被击沉的船只一样，慢慢下滑，几乎要从椅子上摔下来。他用颤抖的语气说："怎……怎么回事，这到底是怎么回事？敌军为什么总能提前一步知道我们的计划，难道是那些可恶的家伙走漏了消息？"

隆美尔原本想说"可恶的意大利人"，又一想这样说对即将出征的部队来说毫无益处，于是立马改口成了"可恶的家伙"。其实，这些都是英国军情局"超级机密"的功劳。英国记者安东尼·布朗在《兵不厌诈》一书中有过相关描述:"其实,阿拉曼战役从一开始,隆美尔部队失败的命运就注定了。隆美尔采取的每一个重大军事行动都被'超级机密'截获,他给希特勒的每一份密报,蒙哥马利通过'超级机密'全都知道,而希特勒发给隆美尔的复电,有的甚至蒙哥马利比隆美尔还要早看到。"

这"超级机密"到底是何方圣神,竟有如此神通?

在伦敦郊外的一片绿树林中,有一幢维多利亚式建筑,叫布莱奇雷庄园。该庄园造型别致,风景如画,四周的环境更是叫人叹为观止。在这座装饰华丽的庄园周围,有许多看上去极不协调的小窝棚。这就是英国军情局密码破译机构的所在地,而这些小窝棚是仓促搭建起来的,因为密码破译工作量繁重,庄园的房间容纳不下过多的成员和设备。在这片不起眼的居住区中,聚集了众多杰出人才。这些人大多留着长发,衣冠不整,穿着破破烂烂的花呢上衣和皱巴巴的灯芯绒裤,他们的行为有些古怪。但是,他们之中有数学家、语言学家、围棋大师,还有电气工程师和无线电专家,甚至不乏银行职员和博物馆馆长。

这是一个充满神秘色彩的地方,除了在这里工作的人员外,只有国家首脑和最上层的情报官员才能进来。这里工作人员的任务只有一个,就是利用一种先进的机器破译德军发出的密码电报。从这里发出的情报一律使用一个代号"超级机密",所以英军便用"超级机密"来代指所有来自布莱奇雷庄园的情报。正是这些来自布莱奇雷庄园的"超级机密",使蒙哥马利在北非战场上一展身手,扬名世界。

隆美尔的这次进攻是一场孤注一掷的赌博。不过意大利人再次在一份密码电报中向他保证，第二天将有一艘运送汽油的轮船到达。5月份的加扎拉战斗中，隆美尔曾面临过相同的绝境。隆美尔的战术计划将再次依靠速度和突袭弥补相对的弱点，抵消敌军数量上的优势。该计划要求新来的非洲第一六四轻型装甲师和拉姆克空降兵大队及意大利的几支部队协同作战，从北部和中部围困英军。同时，"非洲军团"进攻南边的卡塔拉谷地附近地区，然后转向英军的左翼。装甲师将以最快的速度向北突击，攻占英军第八集团军腹地的一个战略要地哈尔法山梁。

隆美尔指望英军指挥官们反应迟缓，希望迷惑住他们，之前他已下令对前线北部和中部的坦克和大炮阵地实施伪装。在南边，将要发起进攻的地方，隆美尔部署了一些假坦克，部署方式非常讲究，要让对手通过近距离观察认出它们是假的，这一计策目的是让蒙哥马利认为主攻方向在其他地点。

8月30日晚上10时，皎洁的月光洒在卡塔拉谷地波浪起伏的沙漠上，显得一片苍凉。隆美尔的装甲部队开始朝东向着敌人的布雷区运动。左翼部队是意大利的装甲部队"利托里奥"和"阿雷艾特"师，右翼是第九十轻型装甲师。士兵们晃动着小型的手灯，传达着把他们带往自己布雷区缺口的命令，随后便踏上了征途。

"非洲军团"即将穿过自己布雷区的时候，突然传来了一种使许多老兵喉咙梗塞的难以忘怀的声音。俾斯麦将军派第五装甲师的一支乐队奏起了古老的普鲁士进行曲以欢送隆美尔的军团投入战斗，或许他并不知道这支音乐曾多少次成为灾难的序曲。步兵和坦克手们在高速运转的坦克引擎的吱吱声和履带的轰隆声中只能听到难以辨认的断断续续的音符，然而这种声音令人难以忘记。隆美尔的计划很周密，然而事实很快证明，他的妙计并没有愚弄住任何人。

　　英国特工通过监听无线电通信，早已知道隆美尔的主攻方向，于是蒙哥马利特别加强了那一地区的兵力。隆美尔的部队立即陷入困境，他们不得不在沙漠中行军 48 公里才发起进攻，而这一地区的大多数路段均埋有地雷，他们遇到的地雷比预计的要埋得更多、更密。英军的装甲车、大炮和机枪给正在清除地雷的德意士兵及紧跟在后面的作战部队以重创。在照明弹的映照下，英国皇家空军瞄准正在待命的德军坦克猛烈轰炸，英国空军在这场战役刚开始时就占据了主导。

◎ 情况比预料的严重

8月31日凌晨，隆美尔的活动指挥部紧跟着前线部队搬到克拉克山，他确信英军在这一防区的布雷和防御都很薄弱。然而，情报部门的工作非常糟糕，隆美尔的士兵踏入了密集的雷区。配备有重型机枪、大炮和迫击炮的顽强的英军步兵扼守着这片雷区。

凌晨2时40分，隆美尔的整个阵地被英军空降部队的照明弹照得如同白昼，无休止的空袭开始了。隆美尔的的先头部队被死死地压在雷区，成为飞机轰炸的目标，而扫雷工兵在前面拼命为部队打开一条狭窄的通路。卡车、运兵车和坦克纷纷被炮弹击中，燃起熊熊大火，爆炸声、叫喊声和重机枪的嗒嗒声响成一片。

蒙哥马利就等着隆美尔的这次进攻。几分钟后，1架英军战斗轰炸机袭击了德军"非洲军"军长内林的指挥车，摧毁了电台，他手下的许多军官被子弹打死，内林满身是弹片留下的窟窿。参谋长拜尔林换乘另一辆汽车，担任"非洲军"临时军长。

上午8时,隆美尔驱车疾速赶往前线。"情况怎么样?"他问先行到达的副官。

"不太好,元帅,英军的雷区出乎意料。一夜间,我们的先头部队仅越过雷区13公里,距原计划的趁夜前进的目标相差很远。'非洲军'军长身负重伤,第二十一装甲师师长冯·俾斯麦将军已经阵亡。"

听了副官的话,隆美尔无比震惊,痛苦地低下了头。此次战斗的艰难程度,隆美尔是知道的,但是他没料到情况如此严重。当初的计划是奇袭,如今突击兵力被意想不到的密集雷区所阻,耗费了很多时间,这样就完全丧失了奇袭的突然性。这个时候,隆美尔也不知是进还是退。看来靠速度取胜的可能性非常小,计划于黎明后向北进军的部队在太阳升起时仍然困在雷区。隆美尔在考虑取消进攻计划。

"元帅,不能停止进攻!"参谋长拜尔林风尘仆仆地闯了进来,他想说服隆美尔继续原来的进攻计划,"有2个装甲师的坦克已经突破雷区向东推进,他们的面前是一片开阔的沙漠,如果放弃进攻,那些为突破雷区而牺牲的士兵不就白白牺牲了吗?所以无论如何艰难,我们毕竟已经闯过来了,应该继续进攻,否则军心会大乱的!"

拜尔林说完,焦急地等待着隆美尔的回答,隆美尔会不会接受他的建议,他心里一点儿把握都没有。

隆美尔沉思片刻,对拜尔林说:"你说得对,但是我们时间太少了,进攻计划要做些改变,不能再绕道迂回哈尔法山梁,命令所有士兵横跨山脊,向阿兰哈尔法山全力冲击。"

此时，英军第二十二装甲旅正隐藏在阵地上，注视着越来越近的德军坦克。英军第二十二装甲旅长罗伯茨准将后来回忆起与德军坦克交战时的情景：

没过多久，我们通过望远镜看见了敌人，他们沿着那排直通我们阵地的电线杆上来。敌军先头部队的坦克打了几炮，目标可能是我们的轻装甲部队。我命令轻装甲部队后撤，撤得离我们远一些，以免暴露我们的阵地。

敌军很快就上来了，他们向左转，正对着我们，开始慢慢向前推进。我用无线电命令各个部队：敌坦克进入914米处前不准射击。不久，敌军就进入这个距离。几秒钟后，我们的坦克突然一起开火，激烈的战斗打响了。

敌军的新式75毫米坦克炮给我们造成了很大的杀伤，不过敌人的坦克也遭到了重创，不敢前进。然而，情况仍然很严重，我们的防御阵地被敌军撕开一个大缺口。我当即命令苏格兰骑兵第二团迅速离开阵地堵住这个缺口。而这个时候，敌军的坦克又开始慢慢向前推进，开到了离步兵旅的反坦克炮很近的地方。当敌军坦克进入几百米距离时，反坦克炮还在保持沉默，随后突然开火，敌军伤亡惨重。当然，我军的一些反坦克炮也被敌军的坦克轧烂了。我请求炮兵紧急增援，炮兵部队马上向敌坦克开炮。由于炮兵的威力，加上敌军部队遭遇重创，进攻终于被遏制住了。

中午的沙漠，热浪滚滚袭来，云层低垂，干燥的南风掀起阵阵沙暴，铺天盖地吞噬着整个战场。"非洲军团"行动被迫慢了下来，先是沙暴的阻挡，后是细沙的阻滞，坦克步履艰难，无形中增加了燃料的消耗。直到下午 4 时，东进的装甲部队才开始转向北进。更糟糕的是，燃料的供应还不知道在哪里。

下午 6 时，"非洲军团"不得不停下来休整，正前方就是山脊上的据点——132 号高地。天已经晴了，集结在山脊上的英军坦克和大炮一齐开火。接着，皇家空军的轰炸机也飞来了，对准困在沙漠里的德军猛烈轰炸。英军显然事先知道德军的意图，早已加固了防线，准备了充足的火力。大约有400 辆坦克集结待命。另外，英军第二装甲师把它的"格兰特"重型坦克隐藏在沙丘后的地洞里。炮兵队操练了几周时间，趁着夜色各就各位，期待着这一重大时刻的到来。他们的新型 63 磅反坦克大炮保持沉默，等德军进入366 米范围内才开始开炮。

夜幕降临，德军开始向英军阵地发起进攻，并击毁了几十辆"格兰特"重型坦克，但自己也造成了重大伤亡。尽管英军伤亡很大，但仍然在顽强坚持，德军只好忍受着英国空军的轰炸原地挖掘战壕。

8 月 31 日夜，英国皇家空军的轰炸机开始对完全暴露的"非洲军团"进行猛烈轰炸。空气几乎令人窒息，冰雹一样打来的致人死命的岩石碎块加大了爆炸的威力。一时间，到处是火光，到处是燃烧的坦克和大炮。英军的大炮发出的怒吼，把炮弹准确地倾泻到德军混乱不堪的阵地上。

◎ 撤退，隆美尔最痛苦的决定

9月1日凌晨，因缺少燃料，隆美尔只好下令第十五装甲师的一支部队进行有限的进攻。在英军大炮和飞机的强大轰击下，进攻势头弱了下来，密集的炮火使德军坦克和步兵一直无法动弹。由于燃料就要用完了，隆美尔知道部队不可能再前进了，甚至生存都很危险。

9月2日，隆美尔下令部队撤退。然而，燃料的短缺使德军大规模的撤退变得异常艰难，人员和坦克只能逐个撤退。隆美尔仍然有病在身，当天下午，他在巡视阵地时，6次遭遇空袭。有一次，他刚走出战壕，就看到几米远的地方，一把铁锹被一块火红的金属片顿时炸成了碎片，散落在脚下。硝烟灼热呛人的气味裹挟着细沙，令人窒息。

2日上午8时25分，隆美尔再也无法忍受这种折磨了，于是命令部队逐步撤退回8月30日出发时的阵地。

士兵们感到非常惊讶。固守在山脊西南面低地的第一〇〇步兵团的作战日志这样写道："今天早晨,司机给我们送来了水,告诉我们,阿兰哈尔法已被占领,2小时后我们将向前推进。我们已经开始想象尼罗河、金字塔和狮身人面像以及那些逗人的舞蹈者和欢呼的埃及人了。下午1点钟左右,卡车来了,大家都上了车,然后车子向西开动。为什么要向西走呢?难道是我们开罗、金字塔和苏伊士运河梦想的终结?后来才知道,阿兰哈尔法战役结束了,我们没有成功。"

在近东英军总司令亚历山大举行的一次晚宴上,第八集团军司令蒙哥马利向他尊贵的外国朋友们宣告:"诸位放心,埃及的危险已经解除,并且我们将最终消灭隆美尔和他的'非洲军团'。"

2日下午5时30分,当南线总司令凯塞林来到隆美尔的指挥车上时,他面色严峻地告诉隆美尔,这一失败将破坏元首的伟大战略部署。隆美尔竭力解释为什么放弃这一进攻,他绘声绘色地描述了英国皇家空军猛烈恐怖的轰炸,并请求从根本上改善给养状况。凯塞林认为,隆美尔是在利用给养短缺为借口掩盖低落的士气。

隆美尔的军队开始缓缓撤退。

2日夜,英军空袭越来越猛。隆美尔的私人秘书阿尔布鲁斯后来回忆:"我们从未经历过那天晚上如此猛烈的轰炸,尽管我们已经在92号高地做过十分妥善的疏散,但是离炸弹的距离还是很近。我们的战斗梯队许多士兵阵亡,3门88毫米口径高射炮和许多弹药车被炸毁。"

9月6日,隆美尔的"非洲军团"大部退到了原来的位置。在南边,他们控制着英军的一些雷区,增强了防御能力,这不过是一点小小的安慰罢了。这场长达6天的进攻,显然有利于英军。战后,有人曾对隆美尔的这次失败进行过调查分析。失败的主要原因在于德军的绝密材料被侦破；其次，也是很重要的一点，那就是隆美尔过度疲劳，无法了解整个战斗情况，致使许多措施对他十分不利。

凯塞林无奈地说："这场战斗对于过去的隆美尔来说是不存在任何问题的，在侧翼进攻敌军的战斗已经取得胜利的情况下，他绝对不会撤退。今天我已经了解到，他的士兵们对他下达的撤退命令永远无法理解。毕竟当时已经从侧翼包围了敌军称之为最后希望的防御线。"

希特勒在他的言谈中也流露出了对隆美尔撤退决定的不满："毫无疑问，他在进攻中下令撤退的做法是极端错误的。或许是由于受到了4000吨油船沉没的影响吧，可为什么不继续进攻呢？这对于我们来说简直是个谜。我们已经再次使英军处于溃败的境地，只需要追击敌军，并彻底将其消灭就行了。"希特勒还说："看来，让一个人长久地承担一项重大的职责，这种做法是愚蠢的。随着时间的推移，有必要让他从这种沉重的负担中解脱出来。"

同一天，近东英军总司令亚历山大给英国统帅部发去一份蒙哥马利亲自起草的报告，请求英国媒体不要宣传英军的战绩，如果非要宣传，希望要求记者按以下概要发布：德军装甲部队大举进攻英军南部翼侧，战斗进行了5天，战况激烈，德军被英军各兵种联合作战击退。德军损失惨重，英军损失较小。

蒙哥马利之所以打败了隆美尔，与其说是物质上的胜利，不如说是心理上的胜利。隆美尔利用保留被占领的英军雷区和重要的卡伦特·希梅麦特高地进一步增强了自己的防御线，这就使他能够清晰地观察到蒙哥马利的南翼。德军伤亡并不严重，536人死亡，其中有369名德国人，38辆坦克被击毁。

英军尽管站住了脚跟，而且处于防御地位，却损失了68架飞机、27辆坦克和更多的人员伤亡。然而，英军能够得到及时补充，隆美尔却不能。特别是经过6天的战斗，部队已经消耗了400辆卡车。正如局势表明的那样，11月间隆美尔将为运输工具的不足而深感忧虑，而此时英军物资储备充足，官兵们士气高昂。

在隆美尔宣布停止进攻的同时，蒙哥马利同样下令停止追击。他考虑到凭借目前的兵力，还无法彻底打败隆美尔的"非洲军团"，而且第八集团军的士气和训练较差，装备没有处于绝对优势。如脱离阵地追击，非但追不上退却中的德军，一旦德军回头还击，还有可能遭到失败。因此，蒙哥马利没像人们预想的那样去做，而是让部队继续做好准备，在有胜利把握的时候再向隆美尔发起进攻。

时任美军第一装甲军军长的巴顿对蒙哥马利如此"保守"的战斗风格这样评价："他关心的是不打败仗，而不是如何取胜。"艾森豪威尔曾对此给予了公正的评价："战争中，评价一位司令官的唯一标准是他胜利和失败的总记录，一个常胜将军理应因其才能、因其对事物可能发生的情况表现的判断力，以及因领导能力受到赞扬。有些人指责蒙哥马利，说他有时未能取得最大的战果，但他们至少应该承认一点，他从未遭到一次惨败……要好好地记住，慎重和怯懦不是同义词，正如勇敢和鲁莽不是同义词一样。"

蒙哥马利写信给他的英国朋友："我与隆美尔的初次交锋饶有兴味，我幸好还有时间收拾这个摊子，进行筹划，因而毫无困难地就把他给解决了。我感到我在这场球赛中赢得了第一轮，这一轮是他发的球，下次轮到我发球了。"

阿兰哈尔法战役是蒙哥马利来到非洲后指挥的第一个胜仗，这一胜利犹如一针兴奋剂，使第八集团军的士气空前高涨。与此同时，蒙哥马利成了官兵心目中的英雄，他们对自己的长官产生了极大的信任和敬仰。蒙哥马利的指挥车驶向哪里，哪里的官兵们就向他欢呼。他那人们熟悉的戴双徽贝雷帽的身影，让官兵们群情激昂。

阿兰哈尔法战役结束后，蒙哥马利便开始着手研究怎么样在阿拉曼彻底击败隆美尔。通过"超级机密"和各种侦察手段，他对隆美尔的防御部署一清二楚。然而，隆美尔建立的防线是一种由工事和爆炸性障碍物组成的绵亘防线，在沙漠作战的历史上还没有人遇到过这样的防线。如何突破这种防线，是困扰蒙哥马利的头等问题。

为了彻底消灭隆美尔的"非洲军团"，英国政府为第八集团军运来了大批的援军和装备。到 10 月底，第八集团军变成了拥有 7 个步兵师、3 个坦克师和 7 个旅共计 23 万人的强大兵团，仅坦克就有 1100 辆，其中包括 400 辆先进的美制"格兰特"重型坦克。而此时，隆美尔的"非洲军团"人数不足8 万，坦克仅有 540 辆。两者相较，力量悬殊。

接近弹尽粮绝的隆美尔无望又坚决地与蒙哥马利对峙在阿拉曼。没有后勤供应之忧的蒙哥马利一直在暗中积蓄力量，准备时机一到就给隆美尔致命一击。蒙哥马利采取了一系列近乎完美的迷惑行动，使得隆美尔的部队对英军即将发动的大规模进攻毫无察觉。当阿拉曼前线万炮齐鸣时，"非洲军团"的精神领袖隆美尔正无奈地躺在医院里接受治疗。

第六章　重兵布局阿拉曼

德军最高统帅部运抵的少量军备物资使德军 2 支装甲师在 10 月份分别增加了约 100 辆坦克，但这些数目远远少于蒙哥马利囤积的军备物资。第八集团军由于收到了大批美制"谢尔曼"坦克、大量反坦克大炮和榴弹炮，所以英军无论在质量上还是在数量上都占有绝对优势。

◎ "魔鬼花园" 与 "捷足" 计划

英军在阿兰哈尔法的胜利让隆美尔冷静了下来：夺取苏伊士运河的计划恐怕很难实现了。隆美尔对这次进攻战失败总结出 3 个原因：（1）情报部门工作太差，战前掌握的英军实力与实际情况大相径庭，使得德军战前准备不够充分；（2）没想到英国皇家空军如此轻而易举地就取得了制空权，德军太依赖曾经发挥过巨大作用的 88 毫米口径高射炮，而此次战斗中它的威力没有得到发挥；（3）物资和燃料严重缺乏，部队连续作战，官兵的温饱得不到保证，而这是最关键的原因。

"到了这种地步，我们只能先打一场防御战了，进攻的事只能另做打算。"隆美尔无奈地下达了这样的命令。

为了减少英军炮火和空中轰炸，隆美尔组织了完备的防御系统。他认为，英军的主要攻击目标将是连绵的德军布雷区战线，因为那里所有的布雷区均无人驻守，所以应该在那里布下成千上万的地雷和陷阱。这条防线的前沿由德军战斗前哨部队守卫，每个步兵营抽出 1 个连的兵力。大多数地雷的威力足以炸断坦克的履带或摧毁一辆卡车，而其中 3% 的地雷具有多种毁灭性的杀伤力，或通过电线引爆，或一触即响，接着这些地雷会迅速爆炸，无数钢球飞向四面八方。蒙哥马利在发起进攻前，隆美尔的部队沿 64 公里的前线埋下了将近 50 万颗地雷。某些地段，地雷分几层埋下，这样可以使英军排雷工兵不知所措。即使他们发现并清除了上面一层地雷，下面还有一层地雷会爆炸。另外，德军还埋设了一些手榴弹和炮弹，与地雷拉线并联在一起，成为地雷阵的一部分。在地雷阵的后面，依次部署着步兵、炮兵、反坦克兵和装甲兵。这个防御地带就是赫赫有名的"魔鬼花园"。

"都 9 月份了，接替我的人怎么还没有来，元首不会又不派人了吧。"隆美尔自言自语。

"元帅，您安心在这里养病，元首会体谅你的，先洗个热水澡吧，现在您最重要的是放松心情，毕竟您的健康状况不是很乐观。"隆美尔的私人医生霍尔斯特劝道。

在极其简陋的浴室里，隆美尔一边泡着热水一边想："时间过得真快啊，有 6 个多月没有见到露西和儿子了。"想到儿子曼弗雷德，一种莫名的失落涌上心头，"儿子还会崇拜这个打了败仗的爸爸吗？"

洗完澡，隆美尔再一次拿起了办公桌上的信。这是儿子曼弗雷德第一次用打字机打给他的家信。

亲爱的爸爸：

告诉您一件非常有意义的事，我学会用打字机打字了，不过还不太熟悉。这次，我没用笔给您写信，您不会生气吧。您可能不知道，打字真是不容易啊！同样的时间我都能写好 10 封信。听说您要回来休假，真是太好了，我盼望着这一天早点到来。

我正在阅读最近的《法兰克福》杂志，里面有一篇文章提到了您，当记者谈到您在法国指挥过的那个师的士兵们处境如何时，他们是这样说的："我们的右翼没有友邻部队的支援，侧翼得不到掩护，后方也没有兵力，但是我们的隆美尔元帅始终站在部队的前列！"

您知道吗，听到这些话我是多么为有您这样的爸爸而骄傲啊。爸爸，我要以您为榜样，永远为祖国而战斗！

永远爱您的儿子曼弗雷德

隆美尔看着儿子充满温情的来信，想想当下的处境，不禁长叹一声："唉，都是那些可恶的意大利人，他们没有给爸爸运来燃料和食品，要不爸爸怎么会撤兵呢？"

9 月 14 日，蒙哥马利制订了阿拉曼战役的进攻计划，代号"捷足"，实施时间暂定 10 月 23 日夜。兵力部署：利斯将军率领第三十军，辖澳大利亚第九师、苏格兰第五十一师、新西兰第二师和南非第一师，从北面主攻"非洲军团"阵地，负责歼灭"非洲军团"的步兵部队，在雷区开辟两条通道；随后，由拉姆斯登将军率领第十装甲军通过这两条通道，占领开阔地带，阻击隆美尔装甲部队的反攻；第十三军军长霍罗克斯率领第七装甲师、第四十四师和第五十师在南面实施佯攻，牵制隆美尔的装甲部队，支援第十军展开；第十三军一定要避免严重损失，特别是第七装甲师务必保存实力，以便向德军防线的纵深地带推进后能够机动作战。

蒙哥马利准备同时进攻"非洲军团"的两侧，但是不打算率先从两侧发动进攻，而是从中央偏右处进攻，待第三十军突破防线后，根据具体情况选择最佳攻击方向。

9月16日，蒙哥马利在第八集团军军事会议上提出"捷足"计划。与会军官都没有反对。远在伦敦的丘吉尔知道后，不同意"捷足"计划的进攻日期。

9月17日，近东英军总司令亚历山大在办公室里接见了第八集团军司令蒙哥马利，商讨下次作战事宜。

"将军，有件事我要同你商量一下。"亚历山大边说边递给蒙哥马利一封电报。电报是丘吉尔发来的，电文上写着："你部来电提到10月23日发起'捷足'攻势一事，经与内阁及帝国总参谋长商议认为，进攻必须在9月份进行，这样做是为了配合苏联红军的攻势和盟军于11月初在北非海岸西端的'火炬'登陆行动。"

蒙哥马利以不容置疑的口气对亚历山大说："这绝对不行，9月份发起进攻简直是发疯，如果9月份发起进攻，各项准备工作还没有准备充分，要是勉强发动进攻必将导致失败。一个月都等不了了吗？如果非要在9月份采取行动，就另请高明吧！"

蒙哥马利越说越生气。

亚历山大平静地说："首相的目的是想配合苏军的一些攻势，同时与盟军11月初在法属北非海岸登陆的'火炬'计划相呼应。我认为'捷足'计划最好能在'火炬'计划发动前两周实施，这时我们就能够歼灭隆美尔的大部分部队。"

说到这里，亚历山大拍了拍蒙哥马利的肩，微微一笑："我的将军，别忘了，你现在可是我们的英雄，不像阿兰哈尔法战役之前了！放心，我会跟他们解释的，你现在主要是抓紧时间把各项准备工作做好，尽可能做到万无一失。顺便提醒一下，以后说话要多加注意，不要总是口无遮拦！"

蒙哥马利不同意亚历山大的话，仍然坚持当初的计划。在沙漠作战期间，亚历山大一直是支持蒙哥马利的。亚历山大根据蒙哥马利的意见回复了丘吉尔，表示进攻无法提前，必须推迟到 10 月。收到亚历山大的电报后，丘吉尔大发雷霆，不过最终还是同意了。

◎ 蒙哥马利沙漠新战法

丘吉尔的同意让蒙哥马利得到了一定的时间进行训练和重组这两大棘手的工作。蒙哥马利接下来是调整第八集团军的高层指挥员，他认为不合适的将军一律换掉。蒙哥马利做出了一个惊人的决定：撤换第七装甲师师长伦顿。这个决定连他的参谋长德·甘冈都难以理解。蒙哥马利对伦顿的评价是这样的："伦顿师长是勇敢的，但他的思想有些僵化，有时并不是那么听使唤，对接下来的战斗是不利的。"

高层指挥官的调整工作完成后，蒙哥马利经过反复思考，确定分三路同时出击的作战方案：在强大的炮火掩护下，第三十军的 4 个步兵师从北边进攻长达 10 公里的战线。该战线北起海边的特艾沙山，向南一直延伸到来特尔牙山梁，排雷工兵清除沿途的地雷，攻下德军步兵阵地和炮火掩体；接着，第十军的坦克冲上前去，撕开德军的防线；在南边，第十三军主动出击，牵制这一地区的德军装甲部队，以掩盖集团军的真正目的；与此同时，空军轰炸德军阵地，袭击轴心国的机场，使对方飞机在防守中发挥不了作用。这一作战方案被蒙哥马利称为"粉碎性作战"。

粉碎性作战是蒙哥马利创造的一套新式沙漠作战方法。他一改过去以密集的装甲部队歼灭敌军装甲部队继而扑向暴露的步兵的战法，而是首先歼灭敌军的非装甲部队，同时将敌军装甲部队隔开，不让其接应，最后对付失去步兵保护的装甲部队。对此，蒙哥马利说："过去一般公认的原则是，首先要消灭敌军的装甲部队，这个任务一旦完成，敌人的非装甲部队就很容易对付。我现在把这个原则颠倒了过来，决定先消灭敌方的非装甲部队，暂不动其装甲师，留待以后再收拾他们。"

这一大胆的不合常规的战法引起英军装甲师及步兵指挥官的担心和反对，几乎所有师长对蒙哥马利的这一计划毫无信心，就连丘吉尔也不无担心地说："坦克的出现就是为了在敌方机枪火力的威胁下替步兵开辟道路，现在却要用步兵来为坦克开辟道路，在我看来，这是一项很难完成的任务。"然而，蒙哥马利认为只有从侧翼和后方对扼守阵地的德军非装甲部队实施夹攻，采用"粉碎性"打击，德军装甲部队就无法守住抢来的地盘。在这种情况下，德军会由于补给不足而始终处于岌岌可危的境地，如此就只有撤退一条路可选。

为了确保战役的成功，蒙哥马利还进行了充分的诱敌计划，它是沙漠战中迄今为止最精巧的欺骗计划，代号为"伯特伦"。这一计划的成功运用，伦敦控制处的中东分支机构 A 部队首脑达德利·克拉克上校功不可没。他的部队先是在英国，后是在英美两国专门负责在近东和地中海地区搞伪装欺骗的组织。克拉克精明干练，是一位秘密战专家，他原来是一位陆军炮手，热衷于研究英布战争时期的战术。早在 1940 年，他就从伦敦来到中东，协助韦维尔将军对意大利的入侵军队实行诱敌战术。

接到这样一个必须完成的重大任务，克拉克上校哪敢懈怠，他找到手下的两位伪装专家——电影布景师巴卡斯中校和魔术师马斯基林少校，搞出了这份"伯特伦"计划。该计划是将 6000 吨储备补给品悄声无息地隐藏在战线方圆 8 公里的地方。巴卡斯在那里发现了一年前修建的纵横交错的石砌掩壕，他以敏锐的职业洞察力马上断定，如果将油桶堆在里面是不会有光线或阴影变化的。随后，拍出的航空照片果然证实了他的判断。仅用了 3 个晚上，2000 吨汽油便安全藏在掩壕里，又用了 3 个晚上将余下的 4000 吨作战物资堆积成 10 吨卡车的样子，并且修了顶盖，看上去像是兵营。

接下来要做的是隐藏火炮。蒙哥马利计划在北部以 1000 多门大炮齐射，拉开"捷足"战役的序幕，尽管大炮伪装起来很难，但是专家们还是想出了简单易行的方法，把它们藏在假的 3 吨卡车下面，仅用了一晚上包括牵引车、前车和火炮在内的 3000 件装备便伪装成 1200 辆卡车的样子。开战前，火炮进入发射阵地后，1200 辆假卡车要迅速装配起来，以充当已经撤走的火炮。北方隐藏进攻意图的同时，伪装专家们还在南方做一副要发动进攻的样子。在南部地带，他们建立了大型模拟补给仓库，建造加油站和燃料库，铺设油管，而且故意放慢速度。为的是让德国人相信，11 月前英军是不可能竣工的，自然就更不可能发动进攻了。

蒙哥马利高度赞扬了克拉克和他手下人的杰作，一切准备就绪，就等着德国人前来进攻了。

9 月 19 日，隆美尔接任者终于来了，他就是坦克战专家格奥尔格·施图姆将军。施图姆个子高大，脾气很好，没几天就完全适应了沙漠气候。南线总司令凯塞林元帅很欣赏他，在这位元帅的眼里，施图姆要比隆美尔更胜任这个职务，因为他很善于处理部队中的各种矛盾，特别是德国和意大利部队之间的摩擦。

9月23日，隆美尔终于可以离开前线安心回国养病了。在离开前，他不放心地嘱咐施图姆："我想我有必要再强调一下我们的基本战术：先诱使敌军陷入我们的雷区，然后从战线的北端和南端发起反攻，最终使蒙哥马利的精锐部队落入圈套，这样他们必死无疑。"

"元帅，您放心，我一定坚决完成任务！"施图姆向隆美尔拍着胸脯保证。

"在阿拉曼防线上一定要加快防御工事的建造进度，战斗一旦爆发，我会放弃治疗，重返战场！"隆美尔终究还是放不下他的"非洲军团"。

◎ 隆美尔休假也忙碌

9月24日，隆美尔在罗马会晤了墨索里尼。他对这位意大利大独裁者抱怨供给短缺，同盟国占有空中绝对的优势。墨索里尼不想听隆美尔的抱怨，他认为这位曾经威震北非的"沙漠之狐"如今无论身体还是精神都已经垮掉了。隆美尔走后，墨索里尼对身边的人说："他的病是被蒙哥马利吓出来的。"

其实，隆美尔一直被各种疾病所折磨，除了患有血循环障碍症和白喉症外，还患有慢性肠胃溃疡。隆美尔离开北非的消息早在他离开那一天就被英国人知道了。当英国情报部门把他们翻译的德军电报送给美国总统罗斯福时，罗斯福高兴地对参谋们说："隆美尔肯定被失败拖垮了身体。到目前为止，根据沙漠战争的情况，我不得不承认他是很能打胜仗的。感谢上帝，这个人终于离开北非了。"

现在，所有情况对英军十分有利，但是英国人却没有人把即将展开的进攻看作一件轻松的事情。蒙哥马利制订的作战计划的细节使所有军官清楚，战斗将是非常激烈的。蒙哥马利表面上面带微笑、平静安详，其实内心激动万分。即将展开的进攻，规模之大，在他的军事生涯中还是第一次。

隆美尔回到柏林后，在帝国宣传部部长戈培尔家里住了好几天，漂亮的戈培尔夫人整天忙碌在他身边。每天晚上，这个家庭所有成员聚在一起倾听隆美尔那迷人的有关埃及战斗的描述，常常讲到深夜。几天时间，戈培尔夫妇使隆美尔低落的情绪渐渐好了起来。

隆美尔讲述了不少有关意大利贵族和军官们的逸闻趣事，详尽地描述了他们的"怯懦"表现，以及第一次碰到澳大利亚或新西兰军队时如何逃跑的细节。他还告诉戈培尔夫妇，他自己如何经常从死亡或几乎被俘的险境中脱身的经历，这些经历常常使得戈培尔和他的家人们发出钦佩和惊恐的尖叫。

作为回报，戈培尔给隆美尔放映了一些有关北非战役的新闻纪录片。戈培尔夫妇明显地感受到，隆美尔在看到自己率军攻占托布鲁克及追击英军第八集团军进入阿拉曼的情景时，一种新的生命和活力涌进了他的胸膛。

9月29日，戈培尔告诉隆美尔，希特勒一直在考虑战争结束后让隆美尔担任国防军总司令。他个人也表示坚决支持，他认为："像隆美尔元帅这样的人当然有能力承担起这一职务，他在战场上赢得了令人羡慕的荣誉，思维敏捷，关键是能够很好地掌控战场主动权。"

晚上，隆美尔在慕尼黑参加了希特勒副官鲁道夫·施蒙特举行的盛大晚宴。这一天正好是施蒙特小儿子的生日。很多德国高官和社会名流参加了晚宴，他们大都是来看具有传奇色彩的隆美尔的。一阵门铃声响起，施蒙特叫小儿子去开门。当隆美尔出现在门口时，客人们纷纷向他问好。

隆美尔没理会这些客人，笑着问施蒙特的小儿子："今天晚上，你是主人，你想要什么礼物？"

"我想要玩具火车。"施蒙特的小儿子说。

"好的，跟我来。"隆美尔拉着施蒙特的小儿子上楼了。

在楼上，隆美尔打了一个电话，不一会儿，副官送来一个玩具火车。隆美尔在楼上一直陪着小家伙玩到天亮。

就在隆美尔陪着施蒙特的小儿子在楼上玩耍的当天夜里，英军第八集团军第四十四师的2个旅袭击了穆纳西卜洼地，结果损失惨重。第四十四师刚到达埃及不久，毫无沙漠作战经验。由于2个旅伤亡惨重，只好撤销其番号，而剩下的第一三三旅被调往第十军组建成车载步兵旅。这样一来，第四十四师只是徒有其名了。

第五十一师和第四十四师一样也是刚到埃及，它拥有一个训练场，进行过多次军事演习。第五十一师配属给北面的澳大利亚第九师，以使澳大利亚第九师每周能抽出1个旅进行训练。在10月18日之前，第七装甲师第四装甲旅还需担负作战任务，无法进行训练。第二十二旅利用作战期间少的间隙，举行了多次演习。300辆美制"谢尔曼"坦克已经运抵埃及，由于一些原因没有装备给英军。结果，第十装甲军的训练大打折扣。蒙哥马利要求他们以能够采取的方式进行训练，以提高战斗力。

9月30日，隆美尔受到希特勒的召见。他从希特勒手里接过一个黑皮箱，里面装着一根闪闪发光、镶有钻石的元帅手杖。希特勒身后站着总参谋长凯特尔、空军总司令戈林、副官施蒙特及其他官员。隆美尔身后站着他的助手阿尔弗雷德·伯尔恩德。

隆美尔抓住这个难得的机会向希特勒提出"非洲军团"所需的物资：9

月份需要至少 3 万吨燃油，10 月份至少需要 3.5 万吨。他还描述了一种美国制造的新式炮弹，这种炮弹能够穿透装甲车，同盟国军队把这种炮弹用在战机上对付德国的装甲车，破坏力非常大。

隆美尔的话激怒了空军总司令戈林，这位帝国元帅大声说："不可能，这绝对不可能，美国佬只会制造剃须刀片！"

隆美尔冷笑道："我的帝国元帅，我们有一些那样的剃须刀片也行啊！"

隆美尔还向希特勒呈上一连串抱怨意大利人的报告："他们的军官和士兵毫无战斗准备，他们的坦克缺乏战斗力，大炮的射程还不足 8 公里，他们甚至连战地伙房都没有。常常看到他们向我们的士兵要吃要喝。意大利人可说是我们脖子上的一块磨石，除了防御之外，他们一无是处，即便英军步兵端起刺刀进攻，他们也挡不住。"

隆美尔除此之外，对意大利人一点也不尊重："英国人怎么会这么快就知道我病了，毫无疑问是从罗马得来的消息。"

隆美尔一直怀疑是意大利人出卖了他们向阿兰哈尔法山发动进攻的情报。他认为那些运送燃油的船只之所以沉没，正是因为那些意大利的叛徒把船只的动向报告给英军造成的。

"意大利士兵是好的，他们的军官全是饭桶，他们的最高统帅部是一伙叛徒。"隆美尔越说越激动，他打了一个坚定的手势，"只要给我的坦克 3 艘船的燃油，48 小时后我一定能率部拿下开罗！"

下午 6 时，隆美尔参加了柏林运动场的群众聚会。他通过纳粹党和军队要员密密麻麻的行列来到主席台前受到希特勒接见。所有德国广播电台播送了希特勒赞扬隆美尔的演说。几天以后，隆美尔写信告诉他的接任者施图姆关于他和希特勒的会见。他在信中写道:"元首已经同意我关于固守目前我们在非洲已赢得的阵地的计划,在我们的部队充分得到供应和恢复以及更多的部队到达前,不要发动任何新的进攻。"隆美尔还写道:"元首已经答应我,他将考虑尽最大可能装备装甲团,首先是最新的重型坦克、火箭发射装置和反坦克炮,还有大量的火箭弹,260 毫米口径的迫击炮和一种叫作比尔威弗的多管火箭发射器,以及至少 500 台烟幕发生器。"

10 月 3 日上午,应戈培尔的邀请,隆美尔出席了宣传部召开的新闻招待会。当隆美尔走进会场时,所有人的眼睛都盯着他。

隆美尔底气十足地对在座的各国记者说:"今天,我们已经站在距离亚历山大和开罗只有 80 公里的地方,通向埃及的大门已经掌握在我们手中,我们准备采取进一步的行动!我们并没有放弃那里,我们还会重新打回去的。有人希望把它从我手里抢走,但我要告诉大家的是,它仍然牢牢地控制在我们手中!"

◎ 猎"狐"，慎之又慎

　　10月6日，蒙哥马利宣布废除原来的"捷足"计划。修改后的"捷足"计划作战原则与原来大不相同。这个计划就是在让德军相信英军的进攻方向在南部防线并向南部防线增兵的同时，第八集团军率先对德军步兵部队发动歼灭性攻击，并牵制德军装甲部队，使其无法救援步兵部队，最终用密集的装甲部队摧毁德军装甲部队，将其彻底歼灭。

　　这个计划是英军沙漠战术的大胆革新，蒙哥马利改变了以前先用装甲部队击败对方装甲部队再歼灭暴露的步兵的传统战法，而是把传统战法完全颠倒了。这个计划有很大的风险，一旦被德军识破，战局将失去控制，何况蒙哥马利运用的战术正是隆美尔最擅长的"粉碎性"战术。蒙哥马利认为，阿拉曼战役能否取胜的关键是不被隆美尔识破。为此，他专门制订了代号为"伯特伦"的诱敌计划。"伯特伦"计划的主要目的，是把准备从北面发起进攻的部队隐藏起来，不让德军发现，并制造出从南部防线进攻的假象。

10 月 9 日，英国皇家空军先后出动了 500 多架飞机，对德军装甲部队进行不间断的骚扰。深受燃料缺乏之苦的德国空军只好出动 100 多架战机应对。德军的神经已经麻木了，竟然有一名炮兵下士背上挂着一个牌子，上面写着："别开炮！"英国空军轰炸机在 9 到 10 月间，几乎每天骚扰德军装甲部队，给德军造成了一定的心理压力。

10 月 15 日，根据英国情报机关的报告，蒙哥马利掌握了"非洲军团"真实的处境。这份报告说，德军目前面临着的困难是无法想象的：食物只够吃 3 个星期，坦克的燃料只够用 1 个星期，运输车辆、零件和弹药十分匮乏。兵力严重不足，5 万名德军和 5.4 万名意军中的大多数是伤员。由于隆美尔向德军最高统帅部抱怨军需物资补给匮乏，以及表达了对非洲战局的悲观看法，致使希特勒十分不满。希特勒认为隆美尔是个悲观主义者，对隆美尔能否回来继续统率"非洲军团"表示怀疑。

这份情报对英军十分有利。然而，蒙哥马利十分清楚隆美尔的防御体系，特别是几十万颗地雷铺设的一系列雷区，这让他顾虑重重。要想让拥有 1000 多辆坦克、1000 多门大炮、几千辆机动车、几万吨给养和 81 个步兵营的进攻部队通过视野广阔的沙漠，不被德军发现，简直是不可能的。英军每个环节的伪装或暴露都是事先经过精心的策划的。

10 月 19 日，丘吉尔亲自来到开罗看望全力筹划阿拉曼战役的蒙哥马利。蒙哥马利利用这个机会，终于说服丘吉尔，使其对此次战役充满信心。蒙哥马利说服丘吉尔后，开始全力以赴筹划阿拉曼战役的各项细节。尽管这些细节有关于作战的，有关于行政勤务的，看起来非常复杂，但他却做得一丝不苟。蒙哥马利认为只要把握好战役的基本方针，并把预备措施做好，就一定能制订好详细计划。

这一天，蒙哥马利通过英国军情局"超级机密"了解到德军的燃料仅够用一周，以目前的情况来看，"非洲军团"的口粮也只够吃3个星期，轮胎和零件也十分缺乏，约三分之一的待修车辆放在修理车间已达两个星期，现在各种弹药加起来也只能坚持9天。这些情报令蒙哥马利信心倍增。

10月20日，丘吉尔专门致信近东英军总司令亚历山大，强调阿拉曼将是一场"对未来有重大影响的战役"，这场战役的成败关系到能否打败隆美尔的"非洲军团"，还会影响到盟军随后发起的"火炬"行动。如果失败，盟军战略计划会被全盘打乱。此时，丘吉尔相信蒙哥马利一定会胜利。

10月21日，英军的一切伪装和欺骗手段都做得天衣无缝，德国人已经相信英军将从阿拉曼防线以南发起进攻。蒙哥马利下令，禁止一切休假和外出活动，所有人员马上归队并做好战斗准备。此前，英军官兵们的休假和外出活动正常进行，是为了麻痹德意联军。

10月下旬，英德两军在空中力量的情况是：英军有605架战斗机和315架轰炸机，德军有347架战斗机和243架轰炸机。连隆美尔都不得不承认："已经没有力量来对付敌军的空中优势了。"与此同时，"魔鬼花园"防御地带后面的步兵什么都短缺，他们需要坦克、大炮、弹药、卡车、食品，当然更需要燃料。其实，隆美尔早在度假前，就向最高统帅部大本营递交过报告："元首阁下，有一点非常清楚，如果没有足够的供应品及时运抵北非，要想继续维持'非洲军团'的胜利几乎是不可能的。"

让隆美尔没有想到的是，9～10月间希特勒给"非洲军团"运来的燃料总共还不到所需最低数的一半。更要命的是"非洲军团"极度缺乏食品，为了腾出地方放置更多的武器，食品的装运量被大大削减了。到10月下旬，只有不到一半的食品运来，蔬菜更是成了严重短缺的奢侈品。吃不饱饭，加上营养不良，致使许多官兵得了肝炎和痢疾等疾病。施图姆无奈地感叹道："没止住一个漏洞，却又撕开了另外一个。"

德军最高统帅部运抵的少量军备物资使德军2支装甲师在10月份分别增加了约100辆坦克，但这些数目远远少于蒙哥马利囤积的军备物资。第八集团军由于收到了大批美制"谢尔曼"坦克、大量反坦克大炮和榴弹炮，所以英军无论在质量上还是在数量上都占有绝对优势。蒙哥马利利用这段空隙集结了一支强大的部队，并对其进行了充分地训练。截至10月中旬，英军和德军的兵力对比已达2：1，甚至更高的比例。

第七章　真正的对决

　　激烈的战斗持续了一天一夜，意大利"利托里奥"师和德军第十五装甲师竭尽全力顶住了英军对 28 号高地的冲击，这个山头尽管比周围沙漠平地仅高出数米，却控制着整个战场。由于德意军队的拼命抵抗，双方伤亡人数急剧上升，装甲部队打得尤其激烈。

◎ 没有隆美尔的"非洲军团"

10 月 23 日上午，蒙哥马利向战地记者们发表了演讲。蒙哥马利对胜利表现得无比自信，给记者们留下了深刻的印象。

下午，蒙哥马利将指挥部搬到第三十军和第十三军的军部附近，这样做是为了方便指挥。一辆"格兰特"重型坦克被调来指挥部，以备随时使用。科宁厄姆空军中将的沙漠空军司令部也搬到了这里，空军支援至关重要。

蒙哥马利向英军发表了豪情万丈的动员，他首先指出了英军的优势所在，说明第八集团军最后一定能获得胜利。蒙哥马利最终说："这将是一场非常艰苦的战役，不要认为我们占有绝对优势，隆美尔的部队就会投降，他们是不可能投降的，激战就在眼前，在所难免。"

蒙哥马利要求每位将士不怕牺牲，敢打硬拼，不到万不得已，不准投降。

"勇敢地进攻吧！把隆美尔和他的'非洲军团'埋葬在沙漠里，历史将会永远铭刻我们的战绩！"蒙哥马利的声音被巨大的欢呼声淹没，官兵们被他的激情深深感染，士气大振。

当天夜晚，皓月当空。

月光下的北非沙漠犹如镀上了一层银箔，泛着幽幽的白光。英军阵地上1000多门大炮一齐向德军的炮兵阵地、堑壕、碉堡和地雷场展开了猛烈的轰击。刹那间，大地震动，铺天盖地的炮弹夹着尖锐的啸声撕碎了大漠静谧的夜空，砸向德军阵地。

第二次世界大战中具有重要意义的惨烈战役——阿拉曼战役正式打响。

阿拉曼战役战场

印度第四师师长图克曾回忆过这次令人难忘的炮击，当时他的部队部署在鲁韦萨特山脊，担负助攻。图克说："当时，我们在鲁韦萨特山脊附近，前方沉寂的沙漠地带传来巨大而密集的炮声，我们从没有听到过，我们的火炮过去从没发出过那样的声音。北面和南面的天空，火光闪闪，非常明亮，看起来就像很多巨人在月光下不停地旋转。巨大的炮声在四周吼叫，在人们的头顶颤动。之前，我也曾经听到过很多次炮击，但是从来没有听到过这样的炮声。阵阵炮声竟像无数只飞蛾在拍翅，只不过声音被放大了无数倍。"

英军的炮火是用于压制德军炮火的。英军大量重型火炮和中型火炮与德军的约200门火炮、40门中型炮和14门重型炮对轰。英军炮兵与德军炮兵的发射比为10∶1，甚至22∶1。英军第八集团军全体官兵在震耳欲聋的炮火声中聆听了他们的司令官蒙哥马利将军发布的第一份私人文告：

第八集团军的官兵们：

你们是联合王国勇猛的战狮，你们热切期盼的光辉的时刻来临了！你们要像雄狮一样勇敢地扑向敌人，吃掉敌人。在非洲这个广阔的舞台上，无论哪个角落，一旦发现德国人就毫不犹豫地咬死他！自古以来，勇敢和胜利就是一对双胞胎。我殷切期待着你们展现出皇家军人的自豪和无畏，在这场决定性的战役中让自己的名字永载史册。

伯纳德·劳·蒙哥马利

1942 年 10 月 23 日

英军第三十军和第十三军的官兵在炮火和战机的掩护下，向德军阵地发起潮水般的进攻。月光下，一排排头戴钢盔的士兵，踏着尖厉而急切的风笛声向前挺进，枪刺闪闪，射出逼人的寒气。训练有素的德国士兵以其特有的顽强和勇敢的牺牲精神抵消了英国士兵数量上的巨大优势。然而，在英军突如其来的猛烈炮火打击下，德军付出了惨重的代价。

23 日 22 时，英军炮火打击的目标指向隆美尔的"魔鬼花园"，炮弹引爆地雷，地雷竞相爆炸，阿拉曼火光冲天，顿时变成一座燃烧的地狱。

10 月 24 日 0 时，英军第三十军 7 万多名步兵和 600 辆坦克，借助探照灯和轻高射炮对固定战线发射的炮弹的掩护，开始向德军防线靠左的中央地域发起冲击。与此同时，第十三军在南部发起佯攻。

"将军，醒醒，快醒醒！""非洲军团"代司令施图姆正在酣睡，被一阵急切的呼声唤醒。

"前线来电，英军发动了猛烈的攻势，意图不太清楚。"代替负伤离队休假的高斯担任参谋长职务的威斯特法尔上校手拿一份电报，开始向施图姆报告。

施图姆顿时睡意全无，自言自语："这……这怎么可能，英军怎么会在这个时候发起总攻？怎么可能，怎么可能，他们不是还在修水管吗？"

"从炮火的强度来看，不像是一般的炮击，估计每分钟发射炮弹达数千发。"威斯特法尔刚说完，远处炮声响成一片。突如其来的炮声震惊了施图姆和司令部的军官们。

施图姆定了定神，问："英军的主攻方向在哪里？"

"据炮声判断，应该是在北部。不过，还需要前线的报告证实。"话音刚落，电话就响了起来，威斯特法尔急忙抓起话筒。

"将军，是第二十一装甲师师长打来的电话，他说他们驻守在南部的部队遭到了猛烈的轰击，主攻点可能在南部。他请示是否予以还击。"

"告诉他，在搞清楚真正的主攻方向之前，不准进行炮击。我们的炮弹不多，这个情况他应该知道。"

施图姆的司令部一片忙乱，电话呼叫声，电传打字声夹杂着叫骂声此起彼伏。来自前线的报告支离破碎，数量很少，后来就几乎没有任何报告了。显然，在英军的猛烈炮击下，通信线路已断。午夜已过，施图姆仍然没有摸到任何头绪。

就在这个时候，德军设在地中海海岸的观察哨发来电报："英国军舰在强大的轰炸机力量支援下，正在炮击第九十轻型装甲师。此前，英国重炮已对我军阵地进行了炮击，他们的鱼雷快艇正沿海岸线向前推进，马上要抵近我们的防御区域。"

"下命令吧，将军，敌人一旦从我军后方成功登陆，后果不堪设想啊。"作战参谋催促道。

施图姆果断命令轰炸机和战斗机投入战斗，同时指示第九十轻装甲师的预备队投入作战，粉碎英军在德军防线后方的登陆企图。

凌晨5时30分，英军第三十军半数官兵抵达指定地点，并开辟了2条通路。第三十军各师和第十装甲军的第一装甲师、第十装甲师紧紧跟随步兵部队，分别通过北通路和南通路。由于雷区纵深很大，英军步兵部队和装甲部队在通路上遭到德军猛烈的炮击，陷入进退两难的境地。

黎明时分，英军在穿越"魔鬼花园"时，步兵遭到德军防守炮火的抵抗，推进速度缓慢下来。德军新增援的第一六四非洲轻型坦克师发动了局部反攻，第四四三炮兵营在视野空旷的条件下开火，封住了英军的一次突破包围。

这个时候，施图姆仍不清楚战场情况，他决定带上一名参谋到前线察看。

他告诉司机先去预备阵地上的第九十轻型装甲师那里看看。半路上，他们走错了路，来到前线。施图姆的指挥车遭到澳大利亚机枪手的袭击。随行的参谋被打死在车里，在司机开足马力急速掉头时，施图姆因心脏病突发而死，还被抛出车外。恐惧中的司机根本没有注意到发生的意外情况，所以德军一度认为施图姆失踪或投降了，而不是阵亡。无法解释清楚的消息导致"非洲军团"指挥部再次陷入一片慌乱。里特·托马将军继任施图姆指挥"非洲军团"。

◎ 希特勒离不开隆美尔

激烈的战斗持续了一天一夜，意大利"利托里奥"师和德军第十五装甲师竭尽全力顶住了英军对28号高地的冲击，这个山头尽管比周围沙漠平地仅高出数米，却控制着整个战场。由于德意军队的拼命抵抗，双方伤亡人数急剧上升，装甲部队打得尤其激烈。

阿拉曼战役打响时，隆美尔正在奥地利的山庄里休假养病，他的妻子露西和儿子待在一起。他悠闲地在屋里徘徊，偶尔看一点统计报告，诸如有关美国的军事力量以及施图姆将军从阿拉曼前线送来的信件。

24日上午，英军在北面的进攻态势大致是：右边是澳大利亚第九师的第二十六旅；中间是新西兰师，高地师第一五四旅在新西兰师附近；左面远处是南非第三旅已经推进到"酢浆草"的目标地带。另一个澳大利亚旅、高地师的另外2个旅和1个南非旅还未到达"酢浆草"地带；第二十三旅和第九旅没有按时夺取桥头堡；英军第一装甲师的扫雷部队仅在澳大利亚师后面开辟出一条通道，而第十装甲师开辟的 4 条通道都未能按时超过米泰里亚山脊。

蒙哥马利从南面的第十三军那里得到的消息也不好：在第四十四师第一三一旅的配合下，第七装甲师没能突破 2 个雷区；第一自由法国旅也没有按时占领希迈马特山西边山脚下的纳克布赖拉高地。英军的进攻很不顺利，扫雷部队的"蝎子"扫雷装置被地雷炸坏了。结果，在南面进攻的部队，第二十二装甲旅死伤 200 人，第一三一旅死伤 180 人。英军取得的战果只是拥挤在第一条地雷带的两侧，而第二条地雷带还没有突破。

蒙哥马利还收到报告：第一自由法国旅的运气更不好，松软的沙地影响了他们的前进，反坦克炮陷在沙地里难以动弹；在基尔驻防的德军于 7 时 30 分用缴获的英军坦克发动了反攻。结果，第一自由法国旅的 2 个营损失了全部车辆，却未能前进一步。英军第十三军的处境是要么突破第二条地雷带，要么陷在两个地雷带之间。

蒙哥马利深感局势异常严峻，隆美尔设计的雷区太复杂了。于是，他发布了一系列命令，其主要命令是：彻底打通德军北段防线的走廊；新西兰师从"酢浆草"地带和米泰里亚山脊向南攻击，并尽最大力量保障第十装甲师通过。然而，英军第十装甲师推进太慢，蒙哥马利希望第九装甲旅能有所突破。没想到第九装甲旅没能在米泰里亚山脊以外占领任何阵地，并且该旅在进攻中伤亡惨重。

中午，蒙哥马利在弗赖伯格的第三十军司令部召开军事会议。蒙哥马利命令盖特豪斯指挥的第十装甲师必须于当晚在新西兰师那里会合，并进入开阔地带。为了帮助第十装甲师，蒙哥马利将第三十军所有炮兵调来支援。为强调这一进攻的重要性，蒙哥马利再三重申：第十装甲师至少要推进到"皮尔森"地带，为新西兰师的进攻提供安全保障。蒙哥马利特别强调，准备接受第十装甲师的重大伤亡。显然，蒙哥马利这个时候已经对第十装甲师师长盖特豪斯的积极性感到怀疑。他曾在回忆录中写道："装甲部队普遍缺乏旺盛的攻击意志，可见他们是不习惯进攻的。"其实，蒙哥马利所说并不公正，盖特豪斯之所以犹豫不决，是因为两侧有德军的坦克和反坦克炮，第十装甲师只能从正面向米泰里亚山脊右边冲锋，但又受到雷区的阻挡。

蒙哥马利要求盖特豪斯的第十装甲师不惜一切代价冲过米泰里亚山脊。形势对英军非常有利，蒙哥马利的真正对手施图姆已经失踪，隆美尔又远在奥地利养病。

下午3时，隆美尔度假山庄里的电话骤然响起，是副官伯尔恩德从罗马打来的，他在电话中说："昨夜，蒙哥马利发动了猛烈进攻，施图姆将军不知去向。"

隆美尔更加坚定了自己长期以来对罗马隐藏着敌人的怀疑，他正打算给最高统帅部大本营打电话，没想到希特勒先打来了。希特勒的声音有些沙哑："我的元帅，北非的消息很不好，施图姆将军下落不明。"

隆美尔急忙说："元首，我请求立即飞回北非战场！"

希特勒关切地问："身体可以吗？"

"没问题，已经好多了。"隆美尔恨不得一下飞回他的部队。

"这样吧，你先到维也纳·诺伊施塔特机场待命，"希特勒说，"我要弄清楚部队是否迫不及待地需要你。"

其实，希特勒有点举棋不定，与其让隆美尔在身体尚未痊愈的时候飞回北非，不如留下他，日后用于东线战场，这样对他来说会更有利。

21 时 30 分，希特勒命令驻罗马的德军高级将领冯·林特伦将军收集当天下午 3 点的最新战场分析报告，以便最后做出决定。隆美尔此时已经到达机场，因天色太暗，"亨克尔"飞机不能起飞。这个时候，驻维也纳的德军司令部给他送来了有关装甲军团最新情况的报告："蒙哥马利发动的主攻在北部防线突破了一个缺口，预计次日将在阿拉曼战线展开全面进攻。施图姆将军于今晨驱车奔赴前线视察途中遭到伏击，9 时 30 分失踪，虽然经过全力寻找，仍然没什么线索，可能受伤被俘。里特·托马将军已接替装甲军团的指挥权。"

希特勒的电话终于来了："装甲军团判断蒙哥马利的总攻迫在眉睫，这将是一场旷日持久的苦战，看来你必须立即奔赴前线，重新指挥战斗。"

22 时，德军轰炸机空袭了英军第十装甲师，导致第十装甲师的局势更加混乱，坦克群拥挤在一起。该师运送燃油和弹药的大量卡车在大火中燃烧，成为德军炮火的靶子。为了避免德军的炮轰而遭受更大伤亡，英军炮兵部队分散开来。这样一来，英军的掩护炮火离停止前进的第十装甲师越来越远。在第八装甲旅的正面，尽管英军骑兵队已经通过了通道，但是该旅担心天亮时从雷区冲过去的坦克可能到达米泰里亚山脊暴露的斜面上，这样的话很容易被德军逐个瞄准摧毁。

◎ 隆美尔重返战场

　　10 月 25 日凌晨，英军第八装甲旅旅长卡斯坦斯请求上司第十装甲师师长盖特豪斯：第八装甲旅撤回到东斜面比较安全的地带。盖特豪斯向上级提出了同样的建议，最后逐级上报到蒙哥马利那里。蒙哥马利认为这是战役中的真正危机，于是他决定叫利斯和拉姆斯登等人于 3 时 30 分前来开会。

　　会上，蒙哥马利向部下重申，他的计划必须无条件执行，绝不能后退。这时，蒙哥马利对拉姆斯登的指挥能力更加怀疑。面对严峻的战局，蒙哥马利再次宣布了调整军事部署的决定：

　　（1）作战任务不变，不过需要改变进攻方向。第三十军原地坚守米泰里亚山岭，不准向西南开进。

　　（2）澳大利亚第九师担任主攻，向北朝海岸推进，开辟新的进攻通道。新西兰师返回休整。

　　（3）第十装甲军从夺取的桥头堡处向西进攻。

（4）第十装甲师从新西兰师防区撤离，紧跟第十装甲军。

会议结束后，蒙哥马利把拉姆斯登单独留下。蒙哥马利对拉姆斯登说："凭什么步兵或骑兵可以不计伤亡，而装甲兵却要撤退！你和盖特豪斯要是还不发动进攻，我将派别人代替你们。"

利斯和拉姆斯登等人遵照新的命令立即行动，蒙哥马利回到指挥部静候佳音。这次会议也是二战期间英国装甲部队的转折点，从此蒙哥马利不敢再让装甲部队担负独立的作战任务，只让它们在各兵种的作战行动中担负部分任务，并不断给装甲部队施压。之前，英国装甲部队的指挥官们习惯对上级的命令评头论足，这次会议后，这样的事再也没有发生过。蒙哥马利指到哪里，装甲部队就打到哪里。

10月25日清晨7时50分，隆美尔乘坐的"亨克尔"飞机飞离机场，10时抵达罗马。林特伦在机场迎接，他向隆美尔汇报说，装甲军团剩下的汽油只够3天战斗消耗。这·消息惊呆了隆美尔。

隆美尔咆哮道："我离开时，部队的汽油还够用8天，现在怎么说也得用30天的汽油才行！"

林特伦抱歉地说："元帅，您是知道的，几天前我才休假回来，在我休假期间，后勤补给工作没有受到足够的重视。"

隆美尔一听气不打一处来："让意大利人采取一切措施，包括动用潜艇和海军，把给养迅速运给装甲军团，现在，马上开始行动！"

10时45分，隆美尔再次登上飞机。14时40分，1架"亨克尔"轰炸机正在低空飞行，这是专门提供给隆美尔旅途换乘的DH-YA型专机。飞行员赫尔曼·吉森中尉宣布："5分钟后飞机将在克里特岛着陆。"

14 时 45 分，隆美尔乘坐的飞机抵达克里特岛的海拉克利恩机场。他走下舷梯，迎接他的是指挥空军第十军的冯·瓦尔道将军。他将一份阿拉曼战线的最新报告呈给隆美尔："战线的北部和南部地段遭到英军坦克的疯狂攻击，再次搜索战场时找到了施图姆将军的尸体，死亡原因是心脏病突发。"

隆美尔转身正要登机，瓦尔道将军上前阻止！"元帅，我不允许您白天乘坐'亨克尔'，太危险了。"在瓦尔道的劝说下，隆美尔最终乘坐一架"多尼尔"新式轰炸机向埃及飞去。

17 时 30 分，"多尼尔"轰炸机在飞沙走石的卡沙巴机场着陆。隆美尔的斯托奇飞机已经等待在那里，他继续向东飞行，直到天黑才着陆，接着又乘车沿海岸公路向前疾驰。此时，前方的地平线被炮火映得通红，他不断自问："难道这场战役真的就这么不明不白地输掉了？"

隆美尔来到司令部，又见到了那些熟悉的面孔和战斗车辆，那遍布石头的荒凉沙漠和依旧令人窒息的热浪，以及无处不在的苍蝇和蚊子，还有分离了 32 天的那些营养不良却骁勇善战的士兵。

前线将士们见到隆美尔后，不停地喊道："元帅，您终于回来了！"此时的阿拉曼战役已经进行了 48 小时，仍然在激烈地进行。

"报告元帅，英军以排山倒海之势轻而易举地冲过前沿阵地，占领了我军的布雷区。"托马将军报告说。

隆美尔质问托马："英军在集结时，为什么不炮击？"

托马看了一眼身旁的代理参谋长，威斯特法尔立即上前一步："施图姆将军下令严禁炮击，怕浪费炮弹。"

隆美尔大发雷霆："荒唐，弹药匮乏不等于在关键时候不用，这样打仗不败才怪！”

阿拉曼战役战场

代理参谋长威斯特法尔小心翼翼地汇报：“元帅，我们只剩下最后 3 座油库，其中一处位于 800 公里外的班加西港。”

“知道了，”隆美尔不耐烦地挥挥手，“你们给我听着，今后几天之内的目标就是不惜一切代价把敌人赶出主阵地，重新恢复我们原有的阵地，以避免敌人在我们的防线中间搞出一个西向的突出地带。”

隆美尔一边说，一边飞快地写了一张字条，交给威斯特法尔：“马上下达全体官兵。”

威斯特法尔看到字条上写着：“我再次担任全军总指挥。隆美尔。1942

年 10 月 25 日夜 11 时 25 分。"

托马认为，英军的进攻重点在北部，由于装甲军团炮火的猛烈还击，才使他们遭到重创，从而被迫小心翼翼地前进。英军的意图显然是以步兵为突击队，在浓郁的烟幕掩护下从布雷区杀出一条通道，以便坦克突破防线。在这些通道之间，是可作为炮兵观察所的光秃秃的 28 号高地，但是这个高地也落入英军手里。英军密集的炮火始终没有间断，炮声汇集成一阵阵持续不断雷霆般的轰鸣。

隆美尔只睡了几个小时，次日凌晨 5 点便回到指挥车上。他火速赶往前沿，用望远镜观察英军的调动和部署，清楚地看到英军正在 28 号高地挖掘工事。这时，隆美尔确信蒙哥马利将在北部发起主攻。

◎ 进攻就得付出代价

　　11 月 25 日夜，莫西德指挥的澳大利亚第九师开始对"非洲军团"的阵地发动猛攻，向前推进了 2700 米。在经过激烈的争夺战后，澳大利亚师于午夜时分占领了北面的 29 号高地。德军 1 个营的官兵全部阵亡，澳大利亚第九师也付出了很大的代价。该师不愧是英联邦国家的一支劲旅，其中 1 名士官利用反坦克炮弹，一个人就摧毁了德军的 5 辆坦克。第二次世界大战结束后，他因为这一惊人的战绩而受到英国的嘉奖。

　　英军炮兵和英国空军的作用不容忽视。与柯克曼准将的炮兵部队一样，科宁厄姆的空军自 10 月 23 日战役开始就给予了地面部队有力的支援。科宁厄姆拥有 550 架飞机，大多数是装备精良的"飓风"式战斗轰炸机，远远胜过德国空军。此时，德军的大部分先进的飞机和优秀飞行员投入到了苏联战场。这样一来，英国皇家空军变成了天空的主人。

　　英国皇家空军在整个战场上空不断飞行，把炸弹投向地面的"非洲军团"，一个个德军的工事和着陆场在巨响中化为灰烬。面对英国空军的大规模空袭，饱受英国陆军追击的德国和意大利官兵只能一边阻击英军，一边慌不择路地躲避空袭，损失极其惨重。

希特勒许诺向"非洲军团"提供的新式武器，隆美尔一件都没有得到，而墨索里尼远远不能满足"非洲军团"最低限度的要求。更让隆美尔伤心的是，希特勒对他失去了信任。重返北非战场之前，希特勒在电话中向隆美尔解释说，他是迫于无奈才让隆美尔继续统率"非洲军团"的。

10月26日黎明前，澳大利亚第九师逼近海岸公路，大大改善了英军炮兵部队的观察能力。由于第十装甲师和高地师仍未取得什么大的战果，结果导致整个英军第八集团军的进攻势头减弱了。蒙哥马利估计，这一变化很快就会刺激隆美尔的反攻势头。

从10月23日到26日拂晓，新西兰师约伤亡1000人，南非师伤亡600人，澳大利亚师伤亡1000人，高地师伤亡2000人，英军伤亡和失踪总数约6000多人；德军伤亡和失踪约600多人，意军伤亡和失踪约1500多人。

26日清晨，隆美尔亲自侦察了被英军占领的29号高地，他决定集中所有坦克发起反攻，将英军打回原来的出发地点。"非洲军团"向29号高地发动了猛攻，英军拼命抵抗，战斗异常激烈。

中午，蒙哥马利发布作战命令：高地师继续在第一目标地带发动进攻；澳大利亚师于10月28日晚向北面发动第二次进攻；第三十军继续支援第一装甲师推进到腰形山脊以外；第七装甲师继续休整。

为了重新部署部队并建立预备队，蒙哥马利准备派新西兰师去突破海岸工事，即进攻原来的北部走廊偏右处的德军阵地，从那里打开一个缺口给第十装甲师开道。

下午，隆美尔将后备队从南部防线调来，包括第二十一装甲师和炮兵主力部队。这是一场孤注一掷的大赌博。如果隆美尔判断失误，部队将再也调不回去，因为装甲车的汽油已即将耗尽。后来，隆美尔看到一张缴获的英军地图，证实了蒙哥马利的意图是突破北部角落的主要防线，然后长驱直入，一直打到达巴海岸。隆美尔在赶往前线途中，从望远镜里看到密密麻麻的英军经过惨重的伤亡后，终于插入雷区。

下午3时，隆美尔下令装甲兵和步兵主力向28号高地发起反攻。德军进攻部队在无法隐蔽的地段上遭到英国空军的猛烈轰炸。隆美尔灰心丧气地回到指挥车上，他在给妻子的信中悲伤地写道："没有人能了解压在我肩上的这副重担，没有一张称心如意的牌可打，尽管如此，我仍然希望能够渡过难关。"

隆美尔有一套战术本可以击退一部分盟军，即后撤几公里，退到盟军炮火射程外，然后诱敌深入，将盟军坦克卷入激战。然而，德国空军无能为力，插不上手，加上没有足够的汽油将此付诸实施，继运载汽油和弹药各1000吨的"特吉斯蒂号"被击沉后，载油2500吨的"普罗塞比娜号"又告遇难，这无异给了隆美尔当头一棒。隆美尔似乎感到绝望了，他在给妻子的信中这样写道：

亲爱的露西，我是否还能平静地给你写信，看来只有上帝知道了，不过今天还有一个机会。战斗仍在激烈地进行，敌人正以绝对优势扑来，我们的军需物资少得可怜。一旦战败，我的生死就完全交给上帝了。战败后的那一切实在让人难以忍受，但是我已尽了最大的努力去争取胜利。我并不畏死，我如果回不去了，我将从内心深处为我们的爱情和我们的幸福向你和我们的孩子致谢。短短的几个礼拜，我深深体会到你们对我意味着什么，我在生命的最后一刻将会非常想念你们。我死后你们不要太过悲伤，要为我感到自豪。几年后，曼弗雷德就会长大成人，相信他一定能够保持我们家的光荣！

20 时 50 分，隆美尔向面临绝境的指挥官们发布命令，指出这是一场有关生死存亡的血战，必须绝对服从命令，人人要战斗到底："凡是临阵脱逃或违抗命令者，无论职务高低一律按军法论处。"他让指挥官们牢记命令，然后将其毁掉。

隆美尔确信蒙哥马利将进行大规模的突破，所以他把南部的德军全部调往北部，只是把意大利人和不能打仗的德军留了下来。

21 时，英军震撼大地的炮击开始了。10 时，总攻拉开了大幕。突击 28 号高地北部的是莱斯利·莫西德将军率领的身经百战的澳大利亚第九师，这支部队在 1941 年 4 月间曾使隆美尔的部队在托布鲁克港吃过苦头。正如隆美尔预料的那样，英军的进攻被迫转向靠海岸北部的布雷区纵深地带，扼守这一地段的德军是第一二五坦克步兵团第二营，这支部队厮杀了整整一夜，战斗力相当凶悍。另外，隆美尔还在这一地段设置了强有力的反坦克屏障。

◎ 指挥，得我说了算

10 月 27 日黎明时分，德军顶住了澳大利亚第九师的猛烈进攻。蒙哥马利不得不改变战略部署。此时，蒙哥马利的心情比隆美尔好不到哪里。经过 5 天激烈战斗，英军伤亡近万人，损失坦克约 300 辆，超过隆美尔拥有坦克的数量总数，坦克兵只剩下 900 多名。更糟糕的是步兵，由于打的是一场步兵消耗战，蒙哥马利的步兵预备队已经用完，所有步兵师部署在前线，特别是新西兰师和南非师，几乎没有得到兵员补充。英国人尽管付出如此惨重的代价，仍然没有达到预定的目标。

丘吉尔在伦敦与总参谋长阿兰·布鲁克交谈时说："如果蒙哥马利的全盘计划就是打一场掉以轻心的仗，那为何还对我们讲只需要 7 天就可以获得胜利？难道联合王国找不出一个能打赢一场战斗的将军来了吗？"

10 月 27 日中午，丘吉尔主持召开了一次参谋长联席会议。在会上，布鲁克说："蒙哥马利将军正在策划一次新的更大规模的进攻。"其实他很清楚，这纯粹是在为蒙哥马利辩解。蒙哥马利在这一时刻能够得到一位关心他前途的总参谋长的支持，不是依靠运气靠的是战绩。在敦刻尔克的那些日子里，以及在敦刻尔克以前和以后的日子里，布鲁克一直对蒙哥马利非常信任。

蒙哥马利作为一个前线指挥官，无论过去和现在只按"军事需要"来考虑问题和采取行动，对处理各种"关系"常常考虑不够，这自然会使人们对他产生误解并对他的能力失去信心，他的某些未经说明的行动使别人对他产生怀疑，但他未能预见到这点，更谈不上采取预防措施了。他万万没有想到，他自认为是完全合乎逻辑的军事行动，竟会以截然不同的面貌呈现在伦敦的焦急不安的上司们面前。

蒙哥马利经过一番深思熟虑，决定改变计划，实施大规模的进攻，并通过重新部署部队建立一支强大的预备队，以实施猛烈的一击。他下令：第一装甲师撤出战斗重新编组，第三十军也暂时退出战场；将这次战役打响后尚未参加过激烈战斗的南非师和印度第四师从侧翼调到右边，接替精锐部队新西兰师。还没等蒙哥马利的这一决定开始实施，伦敦方面就派人来了。显然，丘吉尔对蒙哥马利的表现不太满意。

10月28日上午，第八集团军参谋长德·甘冈来到蒙哥马利的办公室："将军，亚历山大将军和他的参谋长麦克里里少将还有国务大臣凯西一行前来视察。"

正在忙于制订"增压"行动计划的蒙哥马利问："这么突然，怎么事先没有通知一声？"

"对我们重新调整部署，统帅部可能不太放心。"

"有什么不放心的，我来说服他们吧，要是实在不同意就让他们另请高明！"蒙哥马利很不高兴。

虽然有些生气，蒙哥马利还是出去迎接了亚历山大等人，并对他们的到来表示热烈欢迎。

亚历山大直奔主题："将军，还是先介绍一下当前的战况吧。"

蒙哥马利说："根据战场的实际情况，我已于 27 日开始抽调一些师留做预备队。具体做法是，让开战以来一直担负主攻的新西兰师撤出休整，将此次战役中还没有参加过激烈战斗的南非师和印度师从侧翼调往北边填补缺口。鉴于隆美尔已将其全部装甲部队调到我们的北部走廊对面，为减少伤亡，我已把该地区作为防御正面，那里的第一装甲师也抽调出来作为预备队。我想，各位一定想知道我重新部署部队加强后备力量的目的吧？"

稍作停顿，蒙哥马利继续说："我想发动最后一次决定性的打击，我们将这个新计划叫作'增压'行动。澳大利亚第九师在 30 日夜至 31 日凌晨向北发动猛烈攻击，推进至海边，把德意军队的注意力引向北面。10 月 31 日夜至 11 月 1 日凌晨前，在北通路北面，以新西兰师为主在第九装甲旅和 2 个步兵旅支援下，向意军发起强大的攻势，撕开一个深远的缺口。之后，第十装甲军通过缺口，穿过开阔的沙漠地带，迂回德军阵地的后面并将其消灭。"

亚历山大听着蒙哥马利的介绍，凝重的脸上渐渐露出了笑容。

这时，麦克里里提出了自己的见解："我认为，突破点可以再往南移一些，以避开敌人组织严密的防御阵地。"

蒙哥马利表示同意。

凯西似乎没弄清楚这些将军们的意图，他说出了伦敦方面的担忧："首相认为将军的这次行动进展不太顺利，而且在兵力明显占优的情况下似乎有些迟缓误事。"

没等凯西把话说完，蒙哥马利便插话："当初，我说的是打 10 天，现在才过了一半，首相就着急了？"

"将军的意思是'增压'行动可以在 4 天内顺利完成？"凯西觉得有点不太可能。

"是的，一定可以完成。"蒙哥马利向他保证。

两个人的话明显带着火药味，亚历山大忙劝道："蒙哥马利将军，就按你的想法去做吧，我们支持你。"然后，又对凯西说："您不用着急，伦敦方面由我来解释。"

凯西说："好吧，尽管这样，我还是得给首相发封电报，让他在思想上做好失败的准备。"

"可以发，但是我敢断定，如果那样，你的政治生涯将会提前结束！"蒙哥马利毫不客气地说。

最后，凯西无奈地走了。

蒙哥马利通过"超级机密"获悉 28 日夜与澳大利亚第八师交战的德国部队是第九十轻型装甲师的第一五五战斗群，这不仅表明隆美尔的全部精锐部队已投入了北面作战，还表明隆美尔手头上已经没有预备队可用了。战役开始前，蒙哥马利曾经说过，德国部队和意大利部队交错配置在一起，如果能把他们分开，那么突破由意大利部队构成的正面就不成问题了。现在看来，德军和意军完全是分开配置的，这就为集中力量攻击战斗力较弱的意军提供了绝好的机会。蒙哥马利自然不会失去这个机会。

◎ 让部下吃惊的命令

夜色朦胧，淡淡的月光洒在海岸公路上，十几辆大小汽车轰鸣着沿公路向西驶去。隆美尔坐在指挥车上，神态严厉，旁边的代理参谋长威斯特法尔上校知道，元帅的心绪很乱。昨天中午，隆美尔获悉英国装甲部队在腰子岭一带集结。他估计，蒙哥马利试图再次取得决定性的突破。然而，整个下午没有什么动静，隆美尔想先发制人发起反击的企图被英国空军的一通轰炸给粉碎了。

21时，英国排山倒海的炮火开始轰击腰子岭以西地段，紧接着数百门火炮集中轰击腰子岭以北地区。一小时后，英军沿海岸线的进攻开始了。前线部队报告，进攻部队是澳大利亚第九师，这是曾死守过托布鲁克的作战英勇的精锐部队。隆美尔把剩下的火炮集中起来使用，总算暂时打退了英国人的进攻。异常激烈的战斗持续6小时后，德军终于撑不住了。隆美尔和他的司令部不得不踏上西撤的道路。

这一夜，隆美尔和他的司令部官兵只能在海岸公路上度过。这里虽然距前线已有一段距离，仍然能看到炮口连续不断地发出的闪光。炮弹在黑暗中爆炸，雷鸣般的炮声不断地在耳边回响。英军夜航轰炸机编队一次又一次出现，将炸弹扔到德军头上。降落伞照明弹照亮了整个战场。

司令部一行抵达原作战指挥部旧址时，已经过了午夜。隆美尔睡意全无，一个人来到海边踱步，他要好好理一理思绪。隆美尔头脑中第一次想到撤退，他试图想点别的办法，但是思来想去也没想出比撤退更好的办法。撤退必然要丧失大部分非机动化步兵，其原因一方面是摩托化部队战斗力有限，另一方面是所有的步兵都已经卷入战斗，难以迅速脱离战场。

就在这个时候，一阵沉闷的炮声将隆美尔的思绪拉回现实。经过反复斟酌，隆美尔决定，如果英军逼迫太紧，就趁部队还能机动时，向西撤退到富卡防线，撤退时尽量把坦克和武器装备撤出来，以利再战。

10月29日上午，英军在强大炮火的掩护下，继续发动进攻，并取得了一定的成效。然而，隆美尔预料的主要攻势并没有出现。于是，他利用这点宝贵的时间，瞒着意大利上司，开始策划西撤的计划。

下午，隆美尔把代理参谋长威斯特法尔叫来，一言不发地用红笔在地图上圈了一道。威斯特法尔立刻心领神会："您是说我们将撤退到阿拉曼以西100公里处的富卡防线？"

"是的，因为眼下阿拉曼防线北部已经不属于我们了，所以我们必须在富卡建立一条新的防线，以便在万不得已的时候又能撤到那里，你觉得怎么样？"

"我觉得可行，富卡像阿拉曼一样，也是一个理想的防御地域，特别是南边的卡塔腊洼地的倾斜度较大，英军不可能从侧翼突破。"

"说得不错，所有非作战部队可以撤到富卡以西更远的地方，比如梅沙马特鲁地区。"

威斯特法尔吃惊地看了一眼隆美尔：这是怎么了，是要一撤到底吗？这在元帅的经历中可是从未有过的。

"撤退的事宜是否需要向最高统帅部大本营或元首本人报告？"威斯特法尔提醒道。

"没有必要，作为前线指挥官，我有权根据战场的实际情况自行做出决定，你尽快拟定一个撤退时间表。"

"是，元帅。"

11月1日，英军惊天动地的总攻开始了。22时，300门大炮同时向德军一段狭窄的防线狂泻炮弹，成群的重型轰炸机潮水般向该地区和后方目标狂轰滥炸。托马的"非洲军"司令部被炮弹击中，他自己也受了轻伤，无线电波遭到干扰，失去了作用。

11月2日凌晨5点，隆美尔驱车赶往前线了解战况。他得到的消息是：凌晨1点，英军的坦克群和步兵在900米宽的战线上突破了28号高地西面的防御工事，长驱直入雷区，企图打开一条通道。

一场激烈的血战就这样开始了。

天蒙蒙亮，隆美尔看见雷区里有20辆英军坦克的残骸，但紧跟在后面的是100多辆排成纵队滚滚而来的坦克，其中20辆英军装甲车已经冲破防线。这些装甲车随即在黎明前消失在隆美尔防线的后方，它们横冲直撞，向防守薄弱的给养部队狂射，德军防线岌岌可危。

11时，隆美尔收到预料中的报告：英军坦克群已突破28号高地西南2

公里的地段，正在向西推进。隆美尔随便地吃了点东西，便赶去指挥一生中最后的一次沙漠坦克大战。他明白，这也许是决定命运的时刻。隆美尔多次站立在一座大山上审视着这场大战。他抓住几分钟的闲暇给妻子写信："亲爱的露西，形势对我们越来越不利，敌军以强大的兵力在逐步摧毁着我们的阵地。这也就意味着我们末日的来临，可以想象我现在的处境。"

从中午到下午1时，英军轰炸机对28号高地以西的德军残余防线进行了7次轰炸，二八八野战医院虽然挂有红十字旗，同样没有幸免，3名军官丧命。隆美尔命令将英军军官作为人质扣押在那里，以便引起他们的注意。

13时30分，德军无线电情报部门截获了蒙哥马利给坦克部队的命令，说英军打算转向东北，逼近嘎沙尔海岸，以便从北部切断德军。隆美尔当机立断，调出南线最后一支预备队，他命令意大利"阿里艾特"装甲师向阿卡克尔北面移动，因为这个地方是蒙哥马利的临时目标。

激烈的战斗持续打了整整一下午，使德国人惊恐万分的是，英军坦克主力部队使用了数百辆从未见过的美制坦克。这种坦克远比德军的坦克厉害，能在900米外开火，而德军引以为傲的88毫米口径高射炮连它的装甲都无法穿透。

15时30分，隆美尔决定当晚开始撤退。1小时后，他向参谋人员宣布了这个决定。他的这个最后决定一直保留到当天托马将军打电话向他汇报战斗进展情况时为止。托马说："我们尽了最大的努力，将防线连在一起，战线现在已经稳住，不过很脆弱。明天能够作战的坦克只有30辆，就连后备队也全部出动了。"

这促使隆美尔下定了撤退的最后决心，他对托马说："我的计划是边打边撤，退到西线，步兵今夜开始行动，装甲部队坚守到明天早晨，然后撤出战斗，不过要尽量牵制住敌军，给步兵赢得撤离的机会。"

19时，隆美尔询问距离最近的弹药和汽油贮存位置，得到的回答是：情况不明。其实，部队现在甚至没有足够的汽油把弹药从达马运到前线。20分钟后，隆美尔的参谋电话通知下一步撤退的命令。21时5分，德军装甲军团的最后一支部队接到撤退命令。

◎ 不胜利，毋宁死

隆美尔知道希特勒和墨索里尼肯定不会同意撤退，所以他想尽可能长时间地隐瞒这次撤退行动，所以下午送出的临时战报没有提到撤退一事。

然而，意大利最高统帅部还是察觉了隆美尔的行动。此前，隆美尔曾向利比亚的马尔马塞蒂求援，向他借运输车辆撤退意大利步兵。马尔马塞蒂拒绝了他的要求，并立即通知了曼西尼上校："请转告隆美尔元帅，领袖认为要不惜一切代价坚守现在的防线，我们将千方百计地立即从空中和海上两条路提供给养物资。"

隆美尔下午发出的临时报告，几小时后被送到德军最高统帅部大本营，电文如下：

我军尽管在今天的防御战中顶住了敌军的猛攻，但是面对占绝对优势的英国空军和地面部队，再加上连续10天的艰苦奋战，全军官兵已经筋疲力尽。明天，强大的敌军坦克群非常有可能再次发动攻击，突破战线。我军早已竭尽全力，更重要的是缺少运输工具，无法将意军的 6 个非机械化师和我军的 2 个非机械化师顺利撤出阵地。敌军的摩托化部队牵制了我军大批部队。我军的机械化部队一直在浴血奋战，不过只有一部分官兵可以摆脱敌军……我们虽然进行了殊死抵抗，彰显着大无畏精神，但是全军覆没的危险仍然存在。

英军通过"超级机密"截获了隆美尔电报的全文，专家们迅速翻译并分析电文。数小时后，蒙哥马利就已获悉，看来隆美尔确实是顶不住了。

子夜时分，希特勒亲自打电话给最高统帅部大本营的参谋人员："隆美尔有消息来吗？"当被告知没有时，一颗悬着的心终于可以放一放了，于是回去睡觉。

11 月 3 日 8 时 30 分，德军最高统帅部总参谋长凯特尔急匆匆跑到希特勒的地下室，要求面见元首。他气急败坏地把隆美尔夜间的报告交给希特勒。这个时候，希特勒才知道昨天夜里隆美尔已率部撤出了防线。当时值班军官没在意电文的措辞，把电文当作日常公文处理了。一会儿又有一则电文发来："撤退在按计划进行！"

希特勒大发雷霆："关键时刻，隆美尔求救于我，求救于祖国，我们应该给他最大鼓励，给他强大的支持，要是我知道的话，一定会全力支持，命令他坚守阵地，可是当隆美尔向我们求救时，居然还有人在坦然地睡大觉！"

随后，希特勒给隆美尔发去一封电报：

埃尔文·隆美尔元帅：

　　我与帝国人民怀着对你的指挥能力和在你指挥下的德意军队英勇精神的坚定信念，一直关注着你们在埃及组织的防御战。以你目前所处的形势来看，毫无疑问，唯有坚守，没有退路，每一条步枪和每一名士兵都投入伟大的战斗。大量的空中援助未来几天将到达南线总司令凯塞林那里，领袖和意大利最高统帅部也将全力增援，以确保你部继续战斗。敌军当前虽然占据优势，然而已是强弩之末。意志的钢铁力量可以战胜任何强大的敌人，这在历史上屡见不鲜。你应该让部下明白：不胜利，毋宁死。

阿道夫·希特勒

　　隆美尔接到希特勒的电文后，几近崩溃，部队一直处于空袭的恐怖中，已经形成了撤退的混乱局面。意大利人和德国人你推我挤，争先恐后地逃离阿拉曼战场，就在这种情况下，希特勒却不允许撤退。此后的一小时内，隆美尔发出去很多回电，其中有一份是写给希特勒的："我的元首，我永远遵从您的指令，然而在盲目服从和责任感之间我无所适从，我不能拿我部下的生命做赌注，这次战役已经彻底失败，如不撤退，后果不堪设想。"不过，这封电报没有发出去。在最后关头，隆美尔还是服从了希特勒的指令。

　　隆美尔给"非洲军"司令托马打电话："我命令，所有部队停止撤退，继续战斗，元首马上就会给我们运来物资和燃料，我们一定要战斗到底！"

　　对于隆美尔的命令，他的参谋们表示强烈反对，然而他们的元帅还未学会违抗元首的命令。当时，德军的步兵、反坦克兵和工程兵的伤亡数已经超过一半，炮兵将近 40%，"非洲军"只剩下 24 辆坦克，第二十军的"利特里奥"装甲师和"德里斯特"机械化师事实上已不复存在。

严峻的战场形势仍然没有让希特勒收回他的命令。隆美尔唯命是从，指示部队："你们在力所能及的范围内，全力取得战斗的胜利。你们要做战场的主人，元首的命令已排除了任何撤退的可能，你们必须守住阵地，不能后退一步！"

11 月 4 日清晨，德军南线总司令凯塞林元帅来视察，当他得知隆美尔的部队只剩下 22 辆坦克时，当即改变了自己的想法："隆美尔元帅，我们不能把元首的电报当作一成不变的命令，它应该更是一种呼吁。"

"我认为元首的命令是绝对不可以更改的，必须无条件服从！"隆美尔坚定地说。

"那也要变通啊！你赶紧给元首发电，就说现在部队损失惨重，减员严重，守住防线是不可能的，想要立足非洲，只有全面撤退一条路可走，然后伺机反攻，其他事情我去向元首解释！"

隆美尔听从了凯塞林的建议，给希特勒发了一封电报，在等待回话的时间里，他仍然固守着希特勒的命令，指挥部队坚守着阵地。

隆美尔的决定把托马将军气得够呛，他想不通，隆美尔为什么明知是去送死，却主动往枪口上撞。他挂上自己所有的勋章，乘坦克赶往前线最激烈的地方。当英军的坦克迎上来的时候，他手里拿着一个小小的帆布包，向英军投降了。托马投降后，他的"非洲军"仍然执行着隆美尔不许撤退的命令，最终导致第二十军全军覆没。这个时候，隆美尔不再等待希特勒的命令，终于下令全军撤退。

11 月 4 日 20 时 50 分，希特勒终于同意撤退。就这样，隆美尔 7 万人的部队开始了艰难的撤退，一场 3200 公里的大撤退，说溃逃一点儿也不夸张。在这以后的将近 3 个月里，隆美尔开始施展动若脱兔的"沙漠之狐"作战风格。

至此，历时 12 天的阿拉曼战役最终以同盟国军队大获全胜而告终。这场战役是德意法西斯在非洲末日的开始，也是整个第二次世界大战北非战场的转折点。此役，德意军队阵亡 1 万多人，伤 1.5 万多人，被俘 8 万多人。一度横扫大漠的"非洲军团"从此一蹶不振，而蒙哥马利的第八集团军则越战越勇。

阿拉曼战役让一直渴望打败隆美尔的蒙哥马利梦想成真，一夜之间他成了大英帝国的英雄和救世主。面对大获全胜的蒙哥马利，丘吉尔激动地握着蒙哥马利的手，声音微微颤抖："蒙蒂，联合王国感谢你和你英勇的部队。"

作为一名久经沙场的老将，在品尝了胜利果实后，更主要的是在胜利面前保持清醒的头脑和理性的思维，在这方面蒙哥马利堪称典范。他并未因为一场胜利就忘乎所以，相反，他非常清楚，隆美尔虽然打了败仗，但"沙漠之狐"远没有被击垮，更谈不上被消灭。此时，隆美尔正带着他的残兵败将一路狂奔，一旦挣脱死神的威胁，就会卷土重来。

第八章　最后的疯狂

巴顿认为只有战胜隆美尔，才能奠定他在世界军事史上的地位。他曾经对一位朋友说："我花了多年时间充实自己，就是为了准备对付隆美尔。我平生的愿望就是与这个人一决高下。"隆美尔的病退浇灭了巴顿的梦想，从此北非战场再也提不起他的兴趣。

◎ 双重压力

　　为了不给隆美尔喘息的机会，蒙哥马利决定一鼓作气对隆美尔和他的"非洲军团"展开持续而猛烈的追杀。与士气高昂的英军相反，阿拉曼的创伤深深印在了"非洲军团"每一名官兵心上。对于一支习惯了胜利的军队来说，这无疑是一次致命的打击，它极大地动摇了士兵对自己和对他们指挥官的信心。

　　如果说，隆美尔此前在人们心目中的印象是一位进攻和防御同样出色的将领的话，那么此次"非洲军团"长达几千公里的大撤退，则集中体现了"沙漠之狐"的独特风格。蒙哥马利每次都觉得"非洲军团"成为他的囊中之物，可是隆美尔都奇迹般地逃脱，令人没有想到的是还能在撤退的同时，不失时机地对追击中的英军反戈一击。后来的军史家们送给隆美尔一顶美丽的桂冠——逐次抵抗大师。

　　这支首尾长达100公里由坦克、大炮以及各种载人车辆拼凑起来的队伍，一路上忍受着白天酷热的煎熬，经受着黑夜疾风暴雨的肆虐，同时经常要遭到蒙哥马利的无情空袭。甚至好些日子，由于缺乏燃料，整个撤退行动不得不停顿下来。然而，隆美尔那些身经百战、忠诚不渝的将士们仍然在为掩护撤退做着殊死抵抗。在竭尽全力地粉碎蒙哥马利一次次侧翼包围行动的同时，隆美尔还要应付来自希特勒和墨索里尼要他死守到底的荒诞命令。隆美尔认为，待在后方指挥部里的大人物们根本无视"非洲军团"和第八集团军之间近1：10的巨大差距，而是一味地从政治甚至面子的角度盲目地命令死守到底。

隆美尔有苦无处诉，只有向他深爱的妻子露西吐露心声："在今天的战场上，我做的一切都是徒劳无益的。这么说吧，我已经鞠躬尽瘁，做出了最大的努力，结果却落了这么个悲凉的下场。"

面对来自对手和元首的双重压力，隆美尔心中极为矛盾。经过一番斟酌，他最终做出了宁可违抗命令也要尽量挽救每一位士兵生命的决定。墨索里尼听到这个消息后，差点气个半死，他声嘶力竭地叫嚷："决不能撤退，非洲是我们的！"

此时的隆美尔哪还顾得了这些，他对参谋长德·甘冈说："不能再犹豫了，多一分犹豫就多一分危险！你把我的命令传达下去，让大部队迅速撤退，一切后果由我一人承担。"

11月4日晚间，隆美尔的司令部安全撤离。在右面海岸线的公路上，燃烧的车辆喷着烈焰，大部队继续穿越无垠的沙漠。蒙哥马利依仗其雄厚的兵力和充足的后勤供应，对隆美尔的残兵败将展开了肆无忌惮的追杀。他费尽心思为已成惊弓之鸟的德军设下了一个又一个可怕的陷阱，然而每一次都在他认为大功即将告成时，却被隆美尔奇迹般地逃脱。

11月6日凌晨，隆美尔率部向梅沙马特鲁进发。蒙哥马利在遭到隆美尔几次反击后，行动变得谨慎起来。天亮时，蒙哥马利集中兵力在梅沙马特鲁正东方向发起攻击，他暗下决心："这次决不能再让这只狡猾的狐狸溜掉了！"然而，隆美尔的表现再一次让他的计划落空。一场突如其来的大雨使沙漠变成一片泽国，从而成功阻止了英军迂回的企图。蒙哥马利气得脸色苍白："真是一只狡猾的狐狸！"

隆美尔跳出蒙哥马利的包围圈后，利用两天时间对他的部队进行了调整。此时，摆在他面前的无疑是个不能再烂的摊子：整个部队仅剩下十几辆坦克，1000多人阵亡，近4000人负伤，近8000人失踪；意大利第十军留在阿拉曼防线，没有车辆，没有燃料和淡水；第二十一军特兰托的半师人马于10月24日被英军赶上，而另一半则和"博洛尼亚"步兵师一起遭遇噩运；最悲惨的是第二十军，他们于11月4日全军覆没；第十九轻型装甲师只有1个营的兵力；虎口脱险的第一六四轻型装甲师只留下三分之一的兵力。昔日兵强马壮的强大"非洲军团"如今只有一个团的规模。

11月7日，兰克将军和他属下的800多名空降部队奇迹般地出现在隆美尔面前。隆美尔兴奋地问兰克将军："你们是怎么来到这里的？"

兰克对隆美尔意见很大，因为11月4日隆美尔下达撤退命令时，并没有及时通知他的部队。兰克尖酸刻薄地说："我们当然是指望不上别人，不过我们运气好，伏击了一支英军运输队，搞到了汽油，这样才能追上您，看来你们跑得不够快啊！"

隆美尔知道兰克心存怨气，也不好再说什么，毕竟在这个危急时刻，弄到汽油是非常令人振奋的。从这点来说，兰克立了一大功。

德军由于失去了制空权，英国轰炸机影子一样追踪着隆美尔仓皇奔逃的疲惫之师。它们毫无忌惮地把炸弹倾泻到"非洲军团"的头上，使隆美尔的溃逃之路转变成了一条死亡之途。看着道路两旁熊熊燃烧的车辆和士兵血肉模糊的尸体，一向意志坚定的隆美尔不禁悲从中来。他站在满是灰尘的敞篷吉普车上，给士气低落的部队鼓舞士气："抬起头来，你们是勇敢的'非洲军团'斗士！蒙哥马利这个浑蛋是追不上我们的，一旦元首给我们送来援兵和汽油，我们就会像从前那样狠狠地教训可恶的英国人。"

希特勒能否派援兵，隆美尔本人都难以相信，就更没有把握让官兵们相信了。

11月8日，隆美尔决定再次转移。他不得不放弃梅沙马特鲁，继续撤退。在部队向西撤离前，隆美尔与几位装甲师指挥官开会商议，最终达成一致共识：部队按先后顺序有条不紊地沿公路行进，这样不至于被蒙哥马利一网打尽。这一招果然奏效，隆美尔和他的部队很快就撤退到了边境。

在撤往利比亚边境途中，隆美尔与伯尔恩德意外相遇。伯尔恩德曾于11月4日晚些时候进见过希特勒。他把希特勒的指示向隆美尔做了转达："元首指示，你部唯一要做的就是在非洲某个地方重新建立新防线，而且要选择在不太重要的地方。元首答应让你的装甲军团恢复元气，东山再起。你们很快就能得到新生产的新式武器，其中包括杀伤力强的88毫米口径大炮以及41型高射炮，还有新出厂的十几辆巨型坦克、新式4型坦克和'虎'式坦克。要知道，它们每一辆有60多吨重。"

希特勒的指示给隆美尔多少增加了一点信心。就这个时候，战场指挥官威斯特法尔打来电话："元帅，大事不好，一支10万人的美军部队在阿尔及利亚和摩洛哥登陆，他们可能从另一方向向我们逼近。"

听罢，隆美尔顿时愣在那里，好一会儿才反应过来："知道了。"隆美尔彻底失去了信心。他非常清楚，如果没有轴心国其他部队作掩护，要想建立新的立足点是不可能的。隆美尔下定决心撤出非洲，于是给希特勒呈上一份报告：

战场未来的趋势很明显，敌军将从内陆包围我们，我军仅有的部队在几天之内会被围歼。仅凭我现有部队和少得可怜的武器无论如何是守不住昔兰尼加的，所以应立刻着手从昔兰尼加撤出。加扎拉防线对我们来说也没什么作用，因为我们已不可能把仅有的一点部队调往那里。

我军很快就会遭到敌人的夹击，应该从一开始就后撤至布雷加一线，在这条防线的后方或许能得到喘息的机会。部队如果不能进行大规模休整，不能设置一条防线阻挡从西面向我们推进的敌军，最好的办法是撤至昔兰尼加山中，然后用潜艇、小船和飞机在夜间把大批训练有素的士兵运回欧洲，以便投入其他战场。

希特勒不同意隆美尔的撤退计划，他认为隆美尔一旦从非洲撤退，必将导致墨索里尼政权垮台。而墨索里尼一旦垮台，反法西斯的意大利必然对德国产生严重的不良影响。他在给隆美尔的回信中写道："我完全相信你和你的部队在阿拉曼是尽了全力的，并且对你的指挥能力非常满意，可以撤退，不过只有在阿拉曼防线北部地区完全落入敌手时，才能考虑这个问题，现在还不是考虑这个问题的时候。"

隆美尔看到希特勒的回信后，如被浇了一盆冷水："事到如今，只能自救了！"隆美尔决定再次违背希特勒的命令。"非洲军团"在隆美尔的指挥下，一路狂奔直趋突尼斯。他们先放弃了极具战略意义的阿兰哈尔法山口，接着又丢掉了曾经凝聚过他们荣誉和辉煌的托布鲁克。当隆美尔撤退到著名的布雷加防线时，后勤供应军官向他报告了一个灾难性的消息："元帅，我们只剩下 10 吨汽油了，而这些汽油存放在 80 多公里外的地方。"

闻言，隆美尔倒吸一口凉气，他明白，整个部队的燃料供应已经完全陷入困境，他就是再有才华，也无能为力。正当隆美尔一筹莫展之际，好事从天而降。一架"斯托奇"式飞机降到离隆美尔指挥部不远的地方。飞机停稳后，从上面走下了身材矮胖的空军指挥官赛德曼将军，他一路小跑来到隆美尔面前，用颤抖的声音说："报告元帅！我们发现离我们不远的海上漂着成千上万的箱子和油桶，这是遭鱼雷袭击的'汉斯阿尔普号'油船上的货物，命运之神将它们送到了我们的脚下。"

隆美尔依靠这批燃料，开始了又一次死里求生的大逃亡。

◎ 只能自己靠自己

11月9日，亚历山大在阿拉曼战役结束后发给丘吉尔的电报中把这次战役的准备措施和打法做了很好的归纳："阿拉曼战役分为四个阶段：第一阶段，我方参战部队的编组和集结以及所采用的欺骗措施，为我们赢得了战役的突然性；第二阶段，突破性的进攻打开了一个缺口，从中突入敌人的防御纵深，然后利用这种突入形成了翼侧，为进一步扩大战果提供了更多机会；第三阶段，到处进行突击以吸引德军兵力，使德军在堵塞突破口的战斗中以及连续的反攻中耗尽预备队；第四阶段，实施最后突击，瓦解德军的最后防线，我们的装甲部队和机动部队才能不断向前推进。"

阿拉曼战役计划的制订及执行均由蒙哥马利负责，他认为亚历山大做出了特殊的贡献："我经常把一切情况报告给亚历山大，他绝对信任我的作战计划。"

11月11日，希特勒命令："在英军从阿尔及尔进入突尼斯以前进入突尼斯。"德意联军出动 3 个德国师和 2 个意大利师参加此次作战任务。为 5 个师的部队提供后勤补给的重担落在不堪重负的意大利海军身上，被迫与英海军决一死战。此前，意大利海军总部曾向其最高统帅部说明，由于盟军海军力量的迅速强大，除了对利比亚进行补给外，意大利海军无法承担任何大规模的海上援助行动。

浴血阿拉曼

凌晨 6 时 48 分，盟军在巴顿将军的指挥下在北非登陆成功。意海军请求放弃对的黎波里的船运补给，支援突尼斯守军。突尼斯是地中海的门户，是在非洲发动反攻的基地。然而，希特勒不准利比亚的隆美尔军队向后撤退。结果，意海军只能被迫承担无力肩负的任务——同时向的黎波里和突尼斯输送补给。

11 月 13 日，一支由英国巡洋舰和驱逐舰组成的 Q 舰队进驻阿尔及利亚的波尼港。波尼港是通往比塞大和西西里海峡的据点，控制着撒丁岛以南的海域。波尼港与马耳他岛成为盟军对付西西里海峡的巨型"钳子"。在这种夹攻态势下，德意对非洲的海上补给线几乎瘫痪。

这对负责向突尼斯"非洲军团"输送补给的意大利海军构成了严重威胁。虽然具有决定性的突尼斯战役没有打响，但是"非洲军团"已经快因给养严重不足而丧失战斗力了。这个时候，意大利海军为空运到突尼斯的 5 个师送去了 3 万吨补给，包括油料、坦克和火炮等，还运送了 1.3 万多人。隆美尔凭借这些援军和军火，打退了盟军夺取突尼斯的军事进攻。希特勒马上出兵攻占了突尼斯，并要求隆美尔在适当的地方建立防线。

隆美尔对部下说："我若是柏林的报社老板，就可以每夜安然入眠，不需要承担现在的重任了。"

隆美尔违背希特勒和墨索里尼的命令立即撤退，主动放弃了利埃边界的哈尔法牙关口和托布鲁克，不断西撤。

11 月 17 日清晨，运送燃油的德国轮船"汉斯阿尔普号"被英国潜艇炸沉。德国南线总司令凯塞林空运了近 100 吨汽油给"非洲军团"，这样隆美尔的"非洲军团"才撤出班加西。

11 月 23 日，隆美尔率部安全撤出阿杰达比亚，并把部队带到布雷加防线。事实上，他是在没有遭受什么损失的情况下从阿拉曼一直后撤了 1200多公里。到布雷加防线后，隆美尔立即视察该地。他认为这不是个进行防御的好地方，应再次向西撤退，可是墨索里尼命令他坚守，希特勒也不允许他进一步撤退。

11 月 24 日，隆美尔、凯塞林、卡瓦利诺和巴斯蒂柯 4 位陆军元帅开会商讨撤军事宜。会议持续了 3 个小时。隆美尔在会上粗暴地说："我觉得完全没有必要在布雷加死守，我们的部队只有 35 辆坦克和 57 门反坦克炮，而蒙哥马利手中有 420 辆坦克和 300 辆装甲车。"不容别人插话，他继续说："如果布雷加防线失守，在的黎波里做任何抵抗都将无济于事。"

　　会后不久，墨索里尼要求隆美尔向英军发起进攻。隆美尔无奈只得回国寻求希特勒的支持。

　　11 月 28 日，希特勒以极不友善的态度接见了隆美尔。希特勒决定让帝国元帅戈林作为全权大使和隆美尔一起到罗马进行谈判。隆美尔在日记中写道："在飞回非洲的时候，我就明白只能依靠自己手头的部队了。"然而，在物资方面，特别是油料和食品，隆美尔的部队依然难以摆脱严峻的困境。

　　隆美尔一次又一次化险为夷，使经过旷日持久的长途追击的英军开始感到一些不妙，官兵开始对艰苦的沙漠作战产生一些抱怨。为此，蒙哥马利做出了一个大胆的决定：在德军布防的布厄艾特一线发动一次牵制性的进攻，尽量拖住妄图在此抵抗的"非洲军团"，另外派一支强有力的装甲部队远距离迂回，从隆美尔认为不能通行坦克的大沙漠里直插他撤退时的必经之路——扎维尔，一举切断"非洲军团"的后路。此战如果成功，隆美尔要么逃入北非大沙漠，要么被赶下地中海。这时，第三十军已接替第十军担任先头部队，蒙哥马利与第十军军长利斯一起侦察过阿盖拉的阵地后，决定于 12 月 15 日发起进攻。蒙哥马利计划由弗赖伯格率领新西兰师迂回"非洲军团"南侧，奔赴马腊达北面的阵地，再从那里袭击隆美尔部队的后方，同时由第五十一高地师和第七装甲师从阿盖拉正面发起进攻。

阿盖拉表面看来是个难以攻取的阵地，但它有一个致命的弱点：它的南翼是开放的。虽然南翼通行困难，但毕竟可以通行。尽管隆美尔十分清楚其翼侧所面临的危险，但缺乏燃油，以致不能用坦克攻击蒙哥马利可能向南面纵深推进的部队。

蒙哥马利发现阿盖拉战役的准备工作需要大大提前，因为第八集团军的巡逻报告表明，隆美尔从12月6日夜间起开始后撤非摩托化的意大利部队。为了防止隆美尔不战而逃，蒙哥马利决定提前发起进攻。他下令第五十一高地师于11日夜对主阵地发动猛烈袭击，全面攻击时间则定于14日。

第五十一高地师进行的最初几次袭击以及炮兵的火力支援，很快让隆美尔感到末日来临。隆美尔后来写道："一切都清楚了，敌人的进攻已经开始。"他急忙把残余部队从阵地上撤出，向暂时还安全的埃尔穆格达的反坦克壕开去。

一切都取决于新西兰师的进展情况。新西兰师驻在离英军前线很远的地方，其任务是从埃尔哈塞特进行一次480公里长途奔袭，于12月15日夜间到达迈拉一线，在第四轻装型甲旅的配合下，与正面攻击部队形成夹击之势。尽管弗赖伯格率领全师昼夜兼程，但是由于油料缺乏和第四轻型装甲旅迟迟未到而无法采取行动。

◎ 这种打法不值得

11 月 30 日下午，隆美尔在罗马参加了墨索里尼主持的作战会议。隆美尔与墨索里尼发生了争吵，后来双方达成协议。墨索里尼要求，只有隆美尔在认为蒙哥马利即将进攻布雷加的时候，才可以退守的黎波里以东 360 公里的布厄艾特防线。

12 月 2 日清晨，隆美尔回到利比亚前线。这时的他非常疲惫，与希特勒的谈话使他感到绝望，相比之下墨索里尼比较通情达理。回到布雷加防线后，隆美尔开始忙于收集燃油，准备撤退。

12 月 15 日晚，新西兰师师长弗赖伯格才把他的 2 个步兵旅调到海岸公路区域，但两师之间相隔 10 公里。结果，包括坦克在内的小股德军很快从旁绕过，向西溜走。

12 月 16 日，双方开始激烈交战。有的地方一整天都在混战，形成了持久的对峙。隆美尔的坦克部队最后突围到了西面，却遭到英国空军的袭击和新西兰师的重创，伤亡惨重。英军在阿盖拉战役中俘获德军 450 名、大炮 25 门、坦克 18 辆。

此时，一向沉着冷静的隆美尔再也坐不住了。蒙哥马利如此远距离迂回，不仅迫使他放弃眼前的阵地，就连利比亚的首都——德意帝国在利比亚存在的象征、有地中海畔明珠之称的的黎波里也保不住了。

隆美尔一声令下，疲惫的"非洲军团"又踏上了漫漫撤退路。他站在敞篷车上，目睹各式坦克、汽车和摩托车组成的庞大车队浩浩荡荡地驶离利比亚，不禁潸然泪下。在蒙哥马利的猛烈追击下，"非洲军团"一口气撤退了 1200 多公里，赶在英军第八集团军"关闭大门"之前，隆美尔和他的部队又一次成功逃脱了。隆美尔令人瞠目的撤退速度让蒙哥马利感到震惊和钦佩。

隆美尔的撤退遭到意大利人的嘲笑和斥责，这使他感到费解。墨索里尼空有一番雄心壮志，他那支糟糕的军队却胆小如鼠、不堪一击。隆美尔弄不明白墨索里尼凭什么认为利比亚天经地义地属于意大利。他认为，为了防守一个没有什么价值的的黎波里，不惜让历经千辛万苦才勉强保存下来的"非洲军团"拼个精光，这种打法太不值得了。

蒙哥马利指挥第八集团军很快逼近的黎波里。为了振作部队的精神，为最后"跃进"到的黎波里做好准备，蒙哥马利命令第八集团军就地休整，圣诞节后再发动攻势。他要求部队在沙漠条件许可的情况下，尽可能以最愉快的方式度过这个特别的圣诞节。

12 月 25 日，蒙哥马利向第八集团军全体官兵发布圣诞文告，祝愿大家节日快乐。在文告中，他引用约克郡一位名叫赫尔的姑娘寄给他的圣诞贺信，使整个文告充满了脉脉温情，全体官兵备受感动。圣诞节过后不久，他收到第八集团军一名普通士兵的信。这封信让蒙哥马利非常高兴，他一直珍藏着并将它一字不落地引用在他的《回忆录》中，因为它最真实地说明了他在第八集团军官兵心目中的形象，以及他的演讲在士兵中产生的巨大影响。

12 月 29 日，英国第八集团军先头突击部队逼近德军设在布埃拉特的阻击线。开罗的广播电台说："隆美尔的部队已被装进蒙哥马利精心设计的口袋，袋口即将封死。"隆美尔却对他的参谋人员说："只要坦克加满燃油，我们很快就能突围。"其实，隆美尔认为布埃拉特阵地不可能长期坚守，盟军可能通过夺取加贝斯隘口切断他们的退路，他已经在考虑向突尼斯撤退。然而，墨索里尼对德意军团申请撤退的答复却是："全力抵抗！我再重复一遍，用布埃拉特阵地上的全体德意军队全力抵抗！"

墨索里尼的答复正中蒙哥马利的下怀，他对部下说："我不希望敌人撤退，希望敌人在原地坚持防守。他们如果真要这样做，多半会被我们消灭……当我军袭击布埃拉特阵地时，一定要确保我军能长驱直入的黎波里，不能让敌人延迟或阻止我军行动。"

12 月 31 日，在隆美尔的极力劝说下，意大利最高统帅部授予巴斯蒂柯如下权力：如果他受到严重威胁，可自行决定是否撤退。其实，隆美尔已开始撤退所指挥的意大利军队了。当英军后来向布埃拉特发动进攻时，德意装甲集团军已经有点分散了，并且由一个仍然企图保全加贝斯隘口的人负责指挥。

蒙哥马利认为，突破隆美尔的布埃拉特防线需要速度，而进军的黎波里关键在于后勤保障。从班加西到的黎波里 1086 公里，从布埃拉特到的黎波里 370 公里，所以进攻前必须集结足够的供应物资，以保障部队能够有充足的燃料进军的黎波里。为此，蒙哥马利下令尽快备足供 10 天战斗用的燃油、弹药和物资。参谋人员报告说，必要的军需品可望在 1 月 14 日前准备就绪。鉴于此，蒙哥马利决定将发起总攻的时间定在 1943 年 1 月 15 日凌晨。

1943 年 1 月 14 日，美国总统罗斯福和英国首相丘吉尔在卡萨布兰卡举行会谈，决定建立北非战区，由美国的艾森豪威尔将军担任总司令，英国的亚历山大将军担任副总司令。北非盟军重组为第十八集团军群，下辖安德森率领的英军第一集团军和蒙哥马利率领的英军第八集团军、弗雷登道尔率领的美军第二军及部分法军。亚历山大担任集团军群的司令，负责指挥盟军在北非的地面部队。

第八集团军到达马雷斯防线后，蒙哥马利积极准备，企图一举摧毁隆美尔设立的防线。艾森豪威尔抓紧部署，改建机场和运送增援部队和补给。从南部的加夫萨至丰杜克的漫长防线是最危险的地段，这个防线由美军第二军坚守。亚历山大暂时无法到达这个防线，艾森豪威尔只好亲自到防线视察。总的形势对盟军是有利的，蒙哥马利的第八集团军在东部，艾森豪威尔亲自指挥的盟军在西部，已经形成了密切的战略协同，形成东西并进的态势。盟军最高司令部的重组更有利于指挥作战。

隆美尔的"非洲军团"退守突尼斯后，在马雷斯防线上部署了兵力。隆美尔和德军指挥官冯·阿尼姆共拥有 14 个师的兵力，包括 3 个德军装甲师和 1 个意大利装甲师。"非洲军团"位于内线，可以以"拿破仑"式的双重出击，先打退一路盟军，再掉过头来收拾另一路盟军。然而，"非洲军团"的内线作战优势被混乱的指挥体系破坏了。

希特勒和墨索里尼决定把非洲的德意联军重组为一个集团军群。当时，隆美尔是集团军群司令的最佳人选，但是墨索里尼对他的撤退非常不满，而希特勒的参谋们也反对重用隆美尔。

◎ 进攻，向着强大的对手

1月15日凌晨，盟军按计划向的黎波里发动了攻势。由第三十军进攻，其第五十师和第五十一师从海岸发动进攻，其第七装甲师、新西兰第二师迂回隆美尔防御阵地的南侧，向的黎波里进发。

1月19日，隆美尔被迫用炮火阻止英军坦克的突进。当他听说英军的迂回部队正朝他的后方开来时，便于当天夜里撤离霍姆斯防线，这等于是放弃了的黎波里。意大利军队炸毁的黎波里许多设施和弹药库，爆炸声彻夜震撼着这座城市。

1月23日凌晨4时，英军第八集团军先头部队第十一轻骑兵师、第五十皇家坦克团和第一高地师占领的黎波里。中午，蒙哥马利在的黎波里正式接受了意大利副总督的投降。第八集团军攻占的黎波里后，为防止部队陶醉于大都市的物质生活腐化变质，蒙哥马利下令指挥部和营区禁止设在宅邸、大楼等处，所有人员必须宿营沙漠或田野里。

蒙哥马利接下来的任务是突破德意军的马雷斯防线，但要想取得成功必须依赖的黎波里港供应大量作战物资。因此，在盟军占领的黎波里后，蒙哥马利便致力于疏通港口，以便船只进港后每天能卸下大批物资。

　　在第八集团军的协助下，英国海军创造了奇迹。虽然港口设施被彻底破坏，港湾完全堵塞，但在官兵们的共同努力下，第一艘船于2月3日到达，第一个护航船队于2月9日到达。到了2月10日，港口日卸货量超过了2000吨。

　　1月25日，隆美尔的"非洲军团"撤到突尼斯南部。26日凌晨5时59分，"非洲军团"冒着倾盆大雨越过边境进入突尼斯。6小时后，隆美尔来到"非洲军团"设在突尼斯的司令部。

　　1月26日，意大利最高统帅部给隆美尔发去一份电报。电报说，鉴于隆美尔的健康状况，由梅塞将军接替他的职务。梅塞是意大利将军，曾在苏德战场上指挥意大利远征军入侵苏联。

　　隆美尔对重用意大利人十分不满，而且他不喜欢突尼斯北部"非洲军团"的冯·阿尼姆将军。这样一来，会师后的力量非但没有加强，反而由于指挥关系紊乱和人事因素，力量大为削弱。按照命令，隆美尔应该回国养病，但是他拒绝离开。隆美尔正在等待时机反击盟军，以雪前耻及回敬墨索里尼和希特勒对他的种种责难。

　　艾森豪威尔和蒙哥马利的东西攻势尽管缩小了对突尼斯"非洲军团"的包围圈，并使包围圈的口袋逐渐收紧，然而进展并不顺利。

　　2月3日，首相丘吉尔和帝国总参谋长布鲁克到第八集团军视察。蒙哥马利为两人举行了隆重的阅兵式。受阅部队包括苏格兰师、新西兰师、皇家装甲部队和皇家陆军后勤部队。受阅将士们精神饱满，威武雄壮，给丘吉尔留下了深刻的印象。

2月初，隆美尔把他的部队从的黎波里周围的复杂地形中解脱出来后，大部分在马雷斯防线站稳了脚跟。隆美尔与突尼斯德军指挥官冯·阿尼姆之间的责任界限正好定在加贝斯隘口的北面。此时，第二十一装甲师已经进入冯·阿尼姆的辖区，这两条战线互相交错起来。一般来说，两条战线靠得越近，就越能从"内线"运用中得到好处。然而，由于隆美尔的部队撤出的黎波里过于突然，让意大利人非常不满，结果意大利人、凯塞林和希特勒的参谋机构都在反对他，反而微妙地削弱了德军的力量。

2月14日，隆美尔发动了代号为"春风"的攻势行动。北面阿尼姆指挥第五集团军从弗德山口朝美国第二军阵地发动主攻，德军第十装甲师和第二十一装甲师从两面夹攻，占领了锡迪布齐德。美国第一装甲师受到重创，美国第二军开始溃败。

2月15日，隆美尔的部队占领了加夫萨，开始向费里亚纳进发。

2月17日，隆美尔的部队占领费里亚纳。他准备从费里亚纳向西北进发，到达阿尔及利亚的特贝萨，从而切断英美盟军的补给线，将战术性胜利变成战略性胜利。隆美尔得到南线总司令凯塞林的空中支援，但没有得到德军第五集团军军长阿尼姆的支持。经过反复请求，隆美尔得到了第十装甲师和第二十一装甲师的指挥权，却被迫首先攻打东北面的勒凯夫。这样一来，隆美尔就只能进攻盟军的正面而无法偷袭背后。为此，隆美尔非常生气，这就意味着离盟军战线近得不能再近，"非洲军团"很难战胜强大的盟军。

同一天，亚历山大将军被任命为在法属非洲作战的盟国部队副总司令。上任3天后，他就将第八集团军和第一集团军变成了一个不可分割的整体。

2月19日凌晨2时30分，隆美尔率部向勒凯夫方向推进。

2月20日，隆美尔发起卡塞林战役，并在卡塞林隘口大败美军，但总的战况仍不乐观。蒙哥马利说："亚历山大将军给我发来一份紧急求援电报，强烈要求我采取行动以减轻敌军对美军的压力。"当时，蒙哥马利的第八集团军已经进入突尼斯，第七装甲师和第五十一师的一个旅已经到达本加尔丹。

2月23日，希特勒任命隆美尔为新组建的集团军群司令，辖阿尼姆的第五装甲集团军和梅塞的意大利第一集团军。大权在握的隆美尔决定率先向蒙哥马利的第八集团军发起进攻。然而，蒙哥马利在"超级机密"提供的情报中获得了隆美尔进攻的方向和准确时间。他急忙从海岸将重炮和精锐部队秘密调到隆美尔发动进攻的突破口的梅德宁地区，部署了近4个机械化师、400辆坦克、350门大炮和470门反坦克炮。

2月26日，由于蒙哥马利第八集团军的增援，隆美尔的"非洲军团"不得不停止对美军的进攻。"非洲军团"从英国第一集团军的正面撤走后，蒙哥马利估计德军很可能转过身来攻击他的第八集团军。在2月28日至3月3日这段时间，蒙哥马利非常焦虑，因为他在前线没有足够强大的兵力来对付隆美尔可能发动的反攻。马雷斯战役马上要打响了，这是一项艰巨的任务，必须进行充足复杂的准备。蒙哥马利很快就得到隆美尔向第八集团军正面调动军队的情报。

然而，蒙哥马利并没有慌乱，他决定采用阿兰哈尔法山战役的打法对付隆美尔。他把新西兰师从的黎波里调来，负责保卫梅德宁地区，第七装甲师则部署在该师的右翼。第二十五近卫步兵旅暂时置于第七装甲师的指挥下，占领了一座叫塔杰拉基尔的小山，以此来填补第七装甲师与新西兰师之间的缺口。3月5日晚，蒙哥马利获得情报，隆美尔将于明晨发起攻击。

◎ 与希特勒吵起来

3 月 4 日晚，德军最高统帅部作战局局长约德尔向希特勒宣读了隆美尔的撤军报告。希特勒听后，立即联想起 1942 年 11 月以来隆美尔就进攻突尼斯的有利形势而做出的那些保证。这份报告跟隆美尔以前对希特勒所说的话完全相反，过去隆美尔一直要求在突尼斯进攻，现在却要把部队撤回昂菲达维尔。希特勒坚决反对，并立即命令约德尔起草复电。

3 月 6 日清晨，德军 2 支装甲部队在薄雾中从马雷斯防线内陆一端的群山沿着梅德宁与图坚之间的公路摸索前进。与此同时，德军第九十轻型装甲师和意军"斯皮齐亚师"开始向英军 51 高地师发起攻击。

英军的野战炮和中型炮向推进中的德意军队发动了猛烈的反击，而反坦克炮则尽可能等到最后一刻才开火。英军发现，德意军的坦克和步兵之间的协同很差，已经丧失了往常的冲劲。英军阵地没有遭到任何突破。

中午时分，德意军向后撤退并重新进行了编组。3 个装甲师指挥官经过一番协商后，决定派步兵在坦克前面推进，这是一种绝望的行为。德意军的步兵被英军的炮弹打得焦头烂额，人心慌乱，坦克的进攻也是半心半意。

20时30分，隆美尔下令结束他在非洲进行的最后一场战斗。在这一天的战斗中，英军损失轻微，而隆美尔的部队则伤亡653人，损失50多辆坦克。

同一天，根据盟军总司令艾森豪威尔的命令，巴顿将军接管美军第二军。巴顿决定提高第二军的士气和战斗力，以实际战绩表明该军官兵能够对付隆美尔的部队，并且一点都不比英军差。

3月7日早晨，正在713高地上巡视的隆美尔收到了希特勒的复电。希特勒的拒绝让他感到绝望。约德尔在电报中直接引述了希特勒的原话："陆军元帅隆美尔对局势的估计完全不同于以前在的黎波里以东期间的讲话，现在陆军元帅却要求把2个军团撤到突尼斯一带无法施展武力的桥头堡地区，这将是失败的开始。"

希特勒的要求是：2个装甲军团必须不断地进攻盟军，使盟军失去平衡。至于德意部队需要的补给，运往突尼斯的补给品将增加一倍，随后再翻一番。隆美尔看到电报后，感到自己受到了愚弄，心脏痛得已经无法支撑下去。身边随行人员把他抬上指挥车，马上赶回司令部。不久，医生告诉隆美尔说："您必须马上回国接受治疗，一刻都不能耽误。"

下午，隆美尔在飞机旁向将军们挥泪告别。第五装甲集团军司令阿尼姆没有前来送行，因为他早就瞒着隆美尔回罗马向凯塞林求援去了，他想让凯塞林向意大利海军提出请求，把部队运回意大利。

3月8日，匆匆赶回突尼斯的阿尼姆紧紧抓住还未离开的隆美尔，请求隆美尔挽救仍在突尼斯的2个装甲军团的命运。阿尼姆说："德国再也经受不起第二个斯大林格勒惨败了，我们还要等到什么时候，意大利海军才能把我们运回去？"

隆美尔静静地看着阿尼姆，过了很久才说："将军，我已尽力了，但是元首不同意我们撤军。"隆美尔向大家敬了个礼，并许下诺言："我这次回去再劝一劝元首，一旦出现不好的情况，我会即刻回来的。"

3月9日7时50分，心情沉重的隆美尔在众多将军的欢送下，含泪登上了飞往罗马的飞机。从此，这只曾经叱咤北非的"沙漠之狐"再也没有踏上这片土地。

17时，隆美尔在罗马会晤了墨索里尼。他一向对这位独裁者的传奇经历深表佩服，双方的会谈始终在和睦的气氛中举行的。两人谈了25分钟。墨索里尼用流利的德语询问军事行动失败的经过："蒙哥马利事先知道我们的进攻吗？"

"知道。"

"元帅认为马雷斯防线能守住吗？"

"部队已经尽全力加强防御了，还布了18万颗地雷，但是马雷斯防线没有天然的反坦克防御工事，对防守来说非常困难。"

隆美尔还告诉墨索里尼，蒙哥马利现在有11000多辆坦克和卡车。与阿拉曼战役时相比，蒙哥马利的优势更明显。墨索里尼稍作沉思，对隆美尔说："我们必须守住突尼斯，它是非洲的最后堡垒。没有了非洲，将对我们更加不利。"

隆美尔点了点头，表示同意，但是他告诉墨索里尼说，目前近650公里的防线太长了，战争的胜负完全取决于给养的供应。墨索里尼表示同意隆美尔的看法，并说："我一向乐观。意大利和德国遇到了困难，但是我相信英国人和美国人同样有他们的问题。如何战胜困难呢？我认为最好的方法就是坚强的意志力，只要我们拒绝接受失败这种观点，我们就能赢得最终的胜利。"

3月10日18时，希特勒在他的"狼穴"大本营接见了隆美尔。见后，他仔细地打量着隆美尔，发现隆美尔脸上和脖子上长满了脓疮，脖子上还缠着绷带。他认为隆美尔的神经已经崩溃了。隆美尔也在打量着希特勒，形容枯槁，脸色苍白，完全失去了往日的风采。

希特勒说，人们在失败后总是看到阴暗的一面，这是一种经常使人做出错误判断的危险习惯。希特勒含沙射影地给隆美尔贴上了"失败者"的标签，这让隆美尔感到非常不爽。隆美尔决定用死缠烂打的方法一定要劝说希特勒同意收缩防线。隆美尔将突尼斯的局势向希特勒详细地作了汇报，特别强调了补给的困难。隆美尔再次恳求收缩防线，希特勒坚决不同意。隆美尔忍不住与希特勒争吵起来。

3月11日，希特勒授予隆美尔骑士十字勋章上佩戴的钻石。隆美尔成为第一个荣获钻石的陆军军官，然而他仍不肯放弃收缩防线的请求，要求从突尼斯撤军。23点20分，希特勒邀请戈林和隆美尔共进晚餐。

一连3天，隆美尔都在参加希特勒主持的军事会议，并定期陪同希特勒。一天晚上，隆美尔和希特勒就各个战线的情况一直争论到凌晨1点半。有人说，隆美尔又在骗取希特勒的宠信。隆美尔感到十分恼火，决定尽早离开。他仍坚持收缩防线，这是他为非洲部队所做的最后一件事。希特勒认真考虑了隆美尔的请求，他也不想上演第二个斯大林格勒悲剧。

◎ "沙漠之狐"绝迹北非

3月12日中午，希特勒把隆美尔叫来，同意了他的部分请求。希特勒下令："将第一装甲军团的步兵撤回昂菲达维尔偏南的瓦迪阿卡里特地区，不过应出动更多部队防守马雷斯防线，一旦它有被突破的危险，应立刻放弃。"

根据这一命令，德意北非军队的防线缩短了300公里。希特勒准备派海军总司令邓尼茨亲自飞往罗马向墨索里尼施压，以加快对突尼斯补给物资的运输，起码每个月要送去15万吨。隆美尔认为15万吨是完全不可能做到的，但他没有说什么，毕竟希特勒已经给了他很大的面子。

隆美尔与希特勒告别，飞往维也纳，爱妻露西正在那里等他归来。隆美尔的专机刚刚起飞，一封电报就送到身在罗马的凯塞林元帅手中："元首批准了隆美尔元帅的病假……这件事必须绝对保密，甚至对突尼斯的高级指挥官也要保密。"

3月14日，希特勒让邓尼茨亲自捎信给墨索里尼，希特勒的这封信长达

219

10 页。希特勒在信中向墨索里尼解释："鉴于医生的建议是刻不容缓的……隆美尔的敌人害怕与他对垒，我请求你方一定要对隆美尔的解职绝对保密……不管后人如何评价隆美尔，对于'非洲军团'尤其是对于德军官兵，他在每个指挥岗位上都曾受人信任。尽管他在阿拉曼战败了，但我清楚一切……"

接下来的近两个月里，隆美尔都在安安静静地接受治疗。

隆美尔离开北非战场养病的情报很快就被盟军截获，许多英军军官欣喜若狂。然而，美国的巴顿将军却深感失望，他认为这是他个人的"重大挫折"。巴顿认为只有战胜隆美尔，才能奠定他在世界军事史上的地位。他曾经对一位朋友说："我花了多年时间充实自己，就是为了准备对付隆美尔。我平生的愿望就是与这个人一决高下。"隆美尔的病退浇灭了巴顿的梦想，从此北非战场再也提不起他的兴趣。

4 月 14 日，盟军总司令艾森豪威尔通知美军第二军军长巴顿：调他到摩洛哥制订进攻意大利西西里岛的计划，第二军军长由副军长布莱德雷接任。

4 月 26 日，"非洲军团" 2 个集团军的燃油已经不够 1 天的需要，弹药也只能维持 2 天。

5 月 12 日，在亚历山大的精心组织下，盟军消灭了德意残余部队，德军司令阿尼姆被俘虏。为了提高意大利军队的士气，墨索里尼将意大利第一集团军司令梅塞晋升为陆军元帅，然而梅塞这个时候已经准备投降了。不过，梅塞要求只向蒙哥马利的第八集团军投降，而不向初出茅庐的第一集团军投降。

5 月 13 日，接替隆美尔负责整个战场指挥的意军总司令梅塞向蒙哥马利的第八集团军投降。

至此，非洲战事结束，德意军队以惨败告终。

第八集团军在蒙哥马利的指挥下对北非战场最后的胜利所做的贡献是巨大的，它把隆美尔和他的军队赶出埃及、昔兰尼加、的黎波里，并协同第一集团军将其歼灭在突尼斯。从阿拉曼到突尼斯相距 4800 公里，第八集团军在 3 个月内拿下的黎波里，6 个月内拿下突尼斯，创造了史无前例的光辉战绩。

5 月 19 日，丘吉尔应邀在美国国会发表演讲。丘吉尔在演讲中对北非战役进行了总结。他风趣的演讲受到国会议员们的欢迎，并通过广播电台向全世界进行了转播。丘吉尔在演讲中说："我们应该感谢希特勒这个下士的军事知识，就像我 3 个月前在英国下院所预言的一样，我们这次又可以欣赏这个下士的军事才华了。这个下士使保卢斯元帅和他的第六集团军在斯大林格勒遭到歼灭后，现在同样使我们的敌人在突尼斯遭到类似的命运……"

6 月 3 日，丘吉尔在蒙哥马利的纪念册上题词：

敌军在突尼斯全军覆没，最后投降的总数达 24.8 万人。这标志着阿拉曼战役以及进军西北非这个伟大业绩的胜利结束。祝你们在以往的成就和新的努力的基础上，取得更加辉煌的胜利。

温斯顿·丘吉尔

1943 年 6 月 3 日于阿尔及尔

7 月 10 日，盟军副总司令亚历山大组织英军和美军分别在杰拉湾和诺托湾登陆。英军主攻失败，美军率先占领巴勒莫，继而占领墨西拿。"非洲军团"残部于 8 月 17 日通过墨西拿海峡逃回意大利，伤亡达 16 万人。

1944年，隆美尔在《书信文件集》的《阿拉曼回顾》一章中这样写道："蒙哥马利把他的计划建立在精确计算的基础上。"这句话准确地评价了蒙哥马利的非常军事能力。的确如此，蒙哥马利指挥英军第八集团军，克服种种困难，打败了威震北非的"沙漠之狐"隆美尔，一举成名。